优秀传统文化的现代教育价值探索

李志毅 著

北京工业大学出版社

图书在版编目（CIP）数据

优秀传统文化的现代教育价值探索 / 李志毅著．— 北京：北京工业大学出版社，2022.1
　ISBN 978-7-5639-8258-5

　Ⅰ．①优… Ⅱ．①李… Ⅲ．①中华文化－影响－现代教育－研究－中国 Ⅳ．①K203 ②G40-06

中国版本图书馆 CIP 数据核字（2022）第 026949 号

优秀传统文化的现代教育价值探索
YOUXIU CHUANTONG WENHUA DE XIANDAI JIAOYU JIAZHI TANSUO

著　　者：	李志毅
责任编辑：	刘　蕊
封面设计：	知更壹点
出版发行：	北京工业大学出版社
	（北京市朝阳区平乐园 100 号　邮编：100124）
	010-67391722（传真）　　bgdcbs@sina.com
经销单位：	全国各地新华书店
承印单位：	唐山市铭诚印刷有限公司
开　　本：	710 毫米 ×1000 毫米　1/16
印　　张：	11.25
字　　数：	225 千字
版　　次：	2023 年 4 月第 1 版
印　　次：	2023 年 4 月第 1 次印刷
标准书号：	ISBN 978-7-5639-8258-5
定　　价：	72.00 元

版权所有　翻印必究

（如发现印装质量问题，请寄本社发行部调换 010-67391106）

作者简介

李志毅，法学硕士，日照市科技馆（丁肇中科学馆）馆长、副研究馆员，民盟日照市文化艺术支部主委。研究方向：科普宣传、科学教育、传统文化。曾被评为全国科技活动周及重大示范活动先进个人、山东省青少年科普活动先进个人、全省民主党派基层组织建设先进个人、全省政协系统首届"最美政协人"。

前　言

中华优秀传统文化源远流长、博大精深，在历史长河中仍保持着自身独特的魅力与价值。优秀传统文化教育是传承和弘扬中华优秀传统文化的重要途径，也是促进优秀传统文化创新发展的重要方式，更是实现中华民族伟大复兴的必然要求。但是，在百年的社会变革中，我国的传统文化遭受到"内忧外患"的考验。所以，在当代的教育工作中加强对优秀传统文化的研究，积极挖掘其中新的理论增长点，对繁荣当代中国特色社会主义教育事业具有十分深远的意义。

全书共七章。第一章为绪论，主要阐述了优秀传统文化的概念界定、优秀传统文化的基本特征、优秀传统文化的思想成就、优秀传统文化的基本精神、优秀传统文化的主要内容等；第二章为优秀传统文化的当代价值及传统教学思想对现代教育的启示，主要阐述了优秀传统文化的当代价值、传统教学思想对现代教育的启示等；第三章为优秀传统文化教育的现状，主要阐述了优秀传统文化教育取得的成绩、优秀传统文化教育存在的问题、优秀传统文化教育存在问题的原因等；第四章为优秀传统文化中的心理教育价值，主要阐述了优秀传统文化中的心理学思想、优秀传统文化与心理健康的关系、优秀传统文化中的情感教育价值等；第五章为优秀传统文化中的德育价值，主要阐述了优秀传统文化中的德育思想、优秀传统文化中的德育资源、优秀传统文化中德育价值的实现等；第六章为优秀传统文化中的思想政治教育价值，主要阐述了优秀传统文化中的思想政治教育资源、优秀传统文化中的思想政治教育方法、优秀传统文化中思想政治教育价值的实现等；第七章为完善青少年优秀传统文化教育的路径，主要阐述了创新优秀传统文化教育的传统模式、坚持优秀传统文化教育的科学原则、营造优秀传统文化教育的健康环境、提高优秀传统文化教育的教师素质、完善优秀传统文化教育的评价机制等。

为了确保研究内容的丰富性和多样性，笔者在写作过程中参考了大量理论与研究文献，在此向涉及的专家、学者表示衷心的感谢。

最后，限于笔者水平，本书难免存在一些不足，在此恳请同行专家和读者朋友批评指正！

目 录

第一章 绪 论 ··· 1
    第一节 优秀传统文化的概念界定 ··· 1
    第二节 优秀传统文化的基本特征 ·· 20
    第三节 优秀传统文化的思想成就 ·· 25
    第四节 优秀传统文化的基本精神 ·· 41
    第五节 优秀传统文化的主要内容 ·· 47

第二章 优秀传统文化的当代价值及传统教学思想对现代教育的启示 ······ 55
    第一节 优秀传统文化的当代价值 ·· 55
    第二节 传统教学思想对现代教育的启示 ································ 69

第三章 优秀传统文化教育的现状 ··· 72
    第一节 优秀传统文化教育取得的成绩 ·································· 72
    第二节 优秀传统文化教育存在的问题 ·································· 74
    第三节 优秀传统文化教育存在问题的原因 ···························· 82

第四章 优秀传统文化中的心理教育价值 ···································· 86
    第一节 优秀传统文化中的心理学思想 ·································· 86
    第二节 优秀传统文化与心理健康的关系 ································ 89
    第三节 优秀传统文化中的情感教育价值 ································ 95

第五章 优秀传统文化中的德育价值 ··· 100
    第一节 优秀传统文化中的德育思想 ···································· 100
    第二节 优秀传统文化中的德育资源 ···································· 107
    第三节 优秀传统文化中德育价值的实现 ······························ 111

第六章　优秀传统文化中的思想政治教育价值 …………… 122
第一节　优秀传统文化中的思想政治教育资源 …………… 122
第二节　优秀传统文化中的思想政治教育方法 …………… 127
第三节　优秀传统文化中思想政治教育价值的实现 ……… 129

第七章　完善大学生优秀传统文化教育的路径 …………… 146
第一节　创新优秀传统文化教育的传统模式 ……………… 146
第二节　坚持优秀传统文化教育的科学原则 ……………… 156
第三节　营造优秀传统文化教育的健康环境 ……………… 161
第四节　提高优秀传统文化教育的教师素质 ……………… 165
第五节　完善优秀传统文化教育的评价机制 ……………… 167

参考文献 ……………………………………………………… 170

第一章 绪 论

在漫长的历史进程中，中国人民依靠自己的勤劳、勇敢、智慧，培育了历久弥新的优秀文化，为人类的文明进步做出了不可磨灭的贡献。要想实现中华民族的伟大复兴，就必须重视对优秀传统文化的弘扬。本章分为优秀传统文化的概念界定、优秀传统文化的基本特征、优秀传统文化的思想成就、优秀传统文化的基本精神、优秀传统文化的主要内容五部分。

第一节 优秀传统文化的概念界定

一、文化

（一）文化的含义

文化的千古魅力在于其带给人类心灵的启迪和深远的影响。文化包含着广泛的知识与根植内心的修养。

1. 文化属于意识形态的范畴

文化，是精神文明的保障和导向。文化是一个非常广泛的概念，给它下一个严格和精确的定义是一件非常困难的事情。不少哲学家、社会学家、人类学家、历史学家和语言学家一直努力，试图从各自学科的角度来界定文化的概念。

传统的观念对文化的诠释：文化是一种社会现象，它是由人类长期创造形成的产物，同时又是一种历史现象，是人类社会与历史的沉淀。确切地说，文化是凝结在物质之中又游离于物质之外的，能够被传承的国家或民族的历史、地理、风土人情、传统习俗、生活方式、文学艺术、行为规范、思维方式、价值观念等，它是人们相互之间进行交流时被普遍认可的一种能够传承的意识形态，是对客观世界感性上的知识与经验的升华。

2."文化"一词的解读

"文化"一词在西方来源于拉丁文 cutura，原义是指农耕及对植物的培育。15世纪以后，这一词被人们逐渐引申使用，把对人的品德和能力的培养也称为"文化"。在中国的古籍中，"文"既指文字、文章、文采，又指礼乐制度、法律条文等。"化"是"教化""教行"的意思。从社会治理的角度而言，"文化"是指以礼乐制度教化百姓。汉代刘向在《说苑》中说："凡武之兴，为不服也；文化不改，然后加诛。"此处"文化"一词与"武功"相对，含教化之意。南齐王融在《三月三日曲水诗序》中说："设神理以景俗，敷文化以柔远。"其"文化"一词也为文治教化之意。文化一词的中西两个来源，殊途同归，今人都用来指称人类社会的精神现象，抑或泛指人类所创造的一切物质产品和非物质产品的总和。历史学、人类学和社会学通常在广义上使用文化概念。

文化是相对于政治、经济而言的人类全部精神活动及其产品。文就是"记录、表达和评述"，化就是"分析、理解和包容"。营销学在分析环境要素时对文化的理解比较通俗，概括为凡是人类后天学习所获得的知识和技能都是文化。可见，文化素养是可以通过后天学习而形成的。

文化的含义是社会学与其他人文科学研究的基本问题之一。广义的文化是指人类创造的一切物质产品和精神产品的总和。有的学者把文化分为"物质文化""制度文化"和"精神文化"三个种类。狭义的文化专指语言、文学、艺术及一切意识形态在内的精神产品。这是一种更为常用的概念，将文化看作人类所创造的精神财富，也就是将文化定义中的"制度文化"和"精神文化"作为狭义的文化概念，而不包括"物质文化"。

（二）不同领域对文化概念的界定

1.人类学家对文化的界定

文化一词尚无统一的定义。在近代，给文化一词下明确定义的首推英国人类学家爱德华·伯内特·泰勒（Edward Burnett Tylor）。他于1871年出版了《原始文化》一书。他指出："据人种志学的观点来看，文化或文明是一个复杂的整体，它包括知识、信仰、艺术、伦理道德、法律、风俗和作为一个社会成员的人通过学习而获得的任何其他能力和习惯。"

英国人类学家布罗尼斯拉夫·马林诺夫斯基（Bronislaw Malinowski）发展了泰勒的文化定义，于20世纪30年代著《文化论》一书，认为"文化是指那一群传统的器物、货品、技术、思想、习惯及价值而言的,这概念包容着及调节着一切社会科学。我们亦将见,社会组织除非视作文化的一部分,实是无法了解的"。他还进一步把文化分为物质的和精神的,即所谓"已改造的环境和已变更的人类有机体"两种主要成分。

用结构功能的观点来研究文化是英国人类学的一个传统。英国人类学家阿尔弗雷德·拉德克利夫-布朗（Alfred Radcliffe-Brown）认为,文化是一定的社会群体或社会阶级在与他人的接触交往中习得的思想、感觉和活动的方式。文化是人们在相互交往中获得知识、技能、体验、观念、信仰和情操的过程。他强调,文化只有在社会结构发挥功能时才能显现出来,如果离开社会结构体系就观察不到文化。例如,父与子、买者与卖者、统治者与被统治者的关系,只有在他们交往时才能显示出一定的文化。

法国人类学家克洛德·列维-施特劳斯（Claude Levi-Strauss）从行为规范和模式的角度给文化下定义,他提出:"文化是一组行为模式,在一定时期流行于一群人之中……并易于与其他人群之行为模式相区别,且显示出清楚的不连续性。"英国人类学家雷蒙德·弗思（Raymond Firth）认为,文化就是社会,社会是什么,文化就是什么。他在1951年出版的《社会组织要素》一书中指出,如果认为社会是由一群具有特定生活方式的人组成的,那么文化就是生活方式。美国文化人类学家阿尔弗雷德·克洛依伯（Alfred Kroeber）和克莱德·克拉克洪（Clyde Kluckhohn）在1952年发表的《文化:概念和定义批判分析》中,分析考察了100多种文化定义,然后他们对文化下了一个综合定义:"文化存在于各种内隐的和外显的模式之中,借助符号的运用得以学习和传播,并构成人类群体的特殊成就,这些成就包括他们制造物品的各种具体式样,文化的基本要素是传统(通过历史衍生和由选择得到的)思想观念和价值,其中尤以价值观最为重要。"克洛依伯和克拉克洪的文化定义被现代西方许多学者所接受。

2. 哲学家对文化的界定

从哲学角度解释文化,认为文化从本质上讲是哲学思想的表现形式。哲学的时代性和地域性决定了文化有不同的类型。一般来说,哲学思想的变革引起社会制度的变化,与之伴随的有对旧文化的镇压和新文化的兴起。

从存在主义的角度看,文化是对一个人或一群人的存在方式的描述,人们存在于自然中,同时也存在于历史和时代中;时间是一个人或一群人存在于自然中的重要平台;社会、国家和民族（家族）是一个人或一群人存在于历史和时代中的另一个重要平台；文化是指人们在这种存在过程中的言说或表述方式、交往或行为方式、意识或认知方式。文化不仅用于描述一群人的外在行为，还特别包括作为个体的人的自我的心灵意识和感知方式，以及一个人在回到自己内心世界时的一种自我的对话、观察的方式。

（三）文化的功能

文化的地域性决定了生活在不同区域的人按照各自的方式创造着自己的文化。文化一旦被创造，就成了人们生活环境的有机组成部分，这种不同于自然的人造环境，被称为"文化环境"。文化一旦产生，不仅能满足个人和社会的多种需要，还能影响、塑造生活在该文化环境中的人。文化具有特定的功能。文化的功能是强大的，具体体现在以下方面。

1.记录与认知功能

文化一经被创造出来，就有了记录功能，记录着人类的活动历程，镌刻着各民族的历史记忆。世界各民族的文学几乎都是在口头文学的基础上发展起来的，直至目前，一些没有文字的民族依然如此。

文字作为文化的载体，是人类天才的创造，极大地扩大了文化的记录功能。中国的甲骨文、巴比伦的楔形文字等，都为人们记录了早期的人类社会实践，让人们得以领略远古先民的智慧和能力。随着造纸术、印刷术的出现，以及科学技术的不断发展，史书典籍、科学著作、报纸杂志、音像媒体等无不发挥着文化的记录功能。凭借文化的记录功能，人类不断积累知识和经验，持续开拓新的认知领域，创造出更加灿烂的文化。

物质文化也具有记录功能。每一件镌刻着历史记忆的器物，无不诉说着彼时彼地的风土人情和历史沧桑，今天的人们也能感知到彼时彼地人们的实践活动，解读出创造者的审美观念和文化价值取向。例如，一幅《清明上河图》就将宋代都市繁华喧闹的生活图画呈现在今人的眼前。

文化有了记录功能，也就有了认知功能。从认识论的角度看，人类的文化史记录了人类的认识史。从某种意义上说，令人神往的故宫、家喻户晓的《红楼梦》等都是历史的一面面镜子。人类正是通过文化来积累经验、改进思维方式、提高认知能力，从而认识自然、认识社会、认识自身、认识世界的。

人类还能通过文化不断改进物质认识工具，创造出新的物质认识工具，从而使自身的认识能力不断加强。从望远镜到射电望远镜，从显微镜到CT机，从算盘到电子计算机，等等，都是很好的明证。

人类通过文化认识了不同国家、民族、阶级、阶层的昨天和今天，进而去探索它们的明天。路易斯·亨利·摩尔根（Lewis Henry Morgan）的一部《古代社会》就让我们认识了印第安人的原始社会。由此看来，一部人类文化史既记录了人类成长发展的心路历程和伟大创造，又是一部内容丰富的人类认识史。

2. 传播与传承功能

文化的记录与认知功能决定了它还具有传播与传承的功能。任何一种文化现象都是社会现象，其在社会交往中产生和发展，在社会交往中得到传播与传承。传播指文化向外的横向扩散，发生在社会群体之间；传承指文化向下一代的纵向传递，发生在社会群体之内。文化的传播和传承有时同时发生。

风靡一时的歌曲、款式新颖的服装、科学知识和技能的普及与推广，靠的就是文化的传播功能。文字和语言既是文化现象又是传播文化的载体，其传播、传承功能巨大。语言能传播、传承，于是一个国家乃至不同国家的人都能说同一种语言，婴儿才会牙牙学语，各种信息才得以交流。文字有了传承功能，二十四史才能为我们承载中国古代社会早已消逝的诸多信息。

实物也可以传播。古代的丝绸之路、郑和下西洋、昭君出塞、文成公主入藏，促进了文化的交流。随着科技的不断进步，文化的传播功能得到进一步发挥。

文化的传播、传承还可以跨越时空。1977年，美国发射的宇宙飞船，载着莫扎特乐曲和中国的《二泉映月》飞向茫茫的太空，这是一次人类向宇宙传播人类文化的尝试。

3. 教化与凝聚功能

人的社会性决定了人的生存、发展对社会的依赖性。正是因为人对社会的依赖性，使得文化的教化功能得以通过文化模式的濡化和社会价值观的灌输来实现。人所生活的文化（社会）环境奉行什么样的文化模式，推广什么样的价值观，人就会自觉不自觉地内化为自己的观念，最终表现在行为方式上。

文化对人的教化是通过耳濡目染、潜移默化的方式实现的，以期人按照社会的理想和价值标准行事，最大限度地削弱其动物性而成为社会的人，成功地将人社会化。人从呱呱坠地起就生活在特定的文化环境中，父母教他学说话、识别器物……入学后，学习科学文化知识、道德规范等。社会上的种种规章制度、风土人情、风俗习惯等都会引导他适应社会。

因此，在人类社会发展过程中，随着文化环境的变化，人们的行为习惯、思维方式、审美趣味和价值观念等都会受影响而发生变化。遵循此规律，历代统治者都把教化百姓作为政治的第一要务。

文化有教化功能，也就有了凝聚功能。文化的教化功能，使得认同同一文化的社会群体，形成相同的思维方式、价值观念和行为习惯，从而紧紧团结在一起，产生巨大的认同或抗异力量。

文化的凝聚功能在民族群体中表现得尤为明显。苏联战胜德国法西斯，中国赶走日本侵略者，近现代此起彼伏的民族冲突和战争，就是文化具有凝聚功能的表现。

中华民族历尽劫难，仍生生不息，中华传统文化的凝聚功能发挥了巨大作用。中华传统文化的凝聚功能，主要表现为忠君与爱国。发展到今天，忠君思想已经有了时代局限性，爱国主义仍然是我们高扬的旗帜。爱国主义是价值观念的具体体现之一，属于精神文化范畴中的内层文化，它的凝聚范围大，程度深，最为稳固和持久。

（四）文化的层次

因为文化具有多样性和复杂性，对于文化很难给出一个准确的、清晰的分类标准，因此，以下这些对文化的划分只是从某一个角度来分析的，它是一种尝试。

1. 文化构成划分

（1）物质文化

物质文化或称"物态文化"，是人类从事的物质生产活动及其成果的总和。物质文化是构成整个文化的基础，是文化中相对活跃的因素。物质文化围绕人类自身生存发展所必需的衣、食、住、行等各种条件而创造，其成果表现为具体的文化事物。物质文化反映了人类认识、利用和改造自然的程度和结果。人类在漫长的历史发展过程中，一直在利用周围的自然环境来为自己的生存和发展服务，并随着社会生产力的不断发展，逐渐丰富和改善着自身的物质文化，以至形成了内容丰富、绚丽多彩的饮食文化、服饰文化、车船文化和建筑文化等。

（2）制度文化

制度文化是人类在社会实践过程中建立和形成的各种典章制度、规范和准则等，它是人类在处理复杂社会关系过程中产生的行为准则，是文化系统中最具权威的因素。制度文化表现为人类的政治制度、经济制度、法律制度、家族制度、婚姻制度、宗教制度等，它是一种硬性规范。

（3）行为文化

行为文化是人类在长期的社会实践，尤其是复杂的人际交往中约定俗成的行为定式，是以各种礼仪、民风、民俗等形态表现出来的文化事象。它见之于人们的日常生活之中，亦称为"民俗文化"。相对于制度文化而言，行为文化是一种软性约束，是具有鲜明民族性和时代性的行为模式。

（4）精神文化

精神文化又称"心态文化"，或者说是"思想文化"。它是人类在长期的社会实践和意识活动中孕育升华出来的价值取向、审美情趣、道德情操、思维方式、宗教感情、民族性格等的总和，集中地体现在人类的哲学、文学、宗教、艺术等方面，它构成文化的核心部分。精神文化同样具有较强的时代特点和民族特点。

（5）文化四个方面之间的关系

物质文化、制度文化、行为文化、精神文化虽属文化构成的不同层次和方面，但同属一个有机的整体，相互间既有区别又有联系，相互依存、相互渗透、相互制约、相互推动。四个方面的文化都属于人类行为和思维活动的产物，其中，物质文化主要反映了人与自然的关系，制度文化和行为文化主要反映人与人、人与社会的关系，精神文化则反映的是人与自我的关系。在其相互关系上，物质文化往往成为制度文化、行为文化和精神文化的载体；制度文化和行为文化则制约、影响着物质文化和精神文化的创造；精神文化既源于其他三种文化，也影响、规范和指导着这三种文化。

2. 文化级别划分

有些人类学家将文化分为以下三个层次。

高级文化，包括哲学、文学、艺术、宗教等。

大众文化，指习俗、仪式以及包括衣食住行、人际关系等方面的生活方式。

深层文化，主要指价值取向、时间取向、生活节奏、解决问题的方式以及与性别、阶层、职业、亲属关系相关的个人角色。

高级文化和大众文化均植根于深层文化，而深层文化的某一概念又以一种习俗或生活方式反映在大众文化中，以一种艺术形式或文学主题反映在高级文化中。

3. 文化层次划分

广义的文化包括四个层次。

①物态文化层，由物化的知识力量构成，它是人的物质生产活动及其产品的总和，是可感知的、具有物质实体的文化事物。

②制度文化层，由人类在社会实践中建立的各种社会规范构成，包括社会经济制度、婚姻制度、家族制度、政治法律制度、家族、民族、国家、经济、政治、宗教社团、教育、科技、艺术组织等。

③行为文化层，以民风民俗形态出现，见之于日常行为之中，具有鲜明的民族、地域特色。

④心态文化层，由人类社会实践和意识活动中经过长期孕育而形成的价值观念、审美情趣、思维方式等构成，是文化的核心部分。心态文化层可细分为社会心理和社会意识形态两个层次。

（五）文化的特征

1. 文化是在人类进化过程中创造出来的

自然存在物不是文化，只有经过人类有意或无意加工创造出来的东西才是文化。例如，吐痰不是文化，吐痰入盂才是文化；水不是文化，水库才是文化；石头不是文化，石器才是文化；等等。

2. 文化是后天习得的

文化不是先天的遗传本能，而是后天习得的经验和知识。例如，男女敦伦不是文化，男女授受不亲或男女自由恋爱才是文化；前者是遗传的，后者是习得的。文化的一切方面，从语言、习惯、风俗、道德一直到科学知识、技术等都是后天学习得到的。

3. 文化是共有的

文化是人类共同创造的社会性产物，必须被一个社会或群体的全体成员共同接受和遵循，才能成为文化。纯属个人私有的东西，如个人的怪癖等不被社会成员所理解和接受，则不是文化。

4. 文化是连续、动态的

文化既是一定社会、一定时代的产物，是一份社会遗产，又是一个连续不断的积累过程。每一代人都出生在一定的文化环境之中，并且自然地从上一代人那里继承了传统文化。同时，每一代人都根据自己的经验和需要对传统文化加以改造，在传统文化中注入新的内容，抛弃那些过时的部分。

5. 文化具有民族性和阶级性

一般文化是从抽象意义上讲的，现实社会只有具体的文化，如古希腊文化、罗马文化、中国古代文化、中国现代文化等。具体文化受到诸多条件的制约，其中最主要的是受自然环境和人们的社会物质生活条件的制约。例如，有石头，才有石器文化；有茶树，才有饮茶文化；有客厅和空闲时间，才会有欧洲贵族的沙龙文化。文化具有时代性、地区性、民族性和阶级性。自从民族形成以后，文化往往是以民族的形式出现的。一个民族使用共同的语言，遵守共同的风俗习惯，形成共同的心理素质和性格，此即民族文化的表现。在存在不同阶级的社会中，由于各阶级所处的物质生活条件不同、社会地位不同，因而他们的价值观、信仰、习惯和生活方式也不同，出现了各阶级之间的文化差异。

（六）文化的构成要素

文化是由各种元素组成的一个复杂的体系。这个体系中的各部分在功能上互相依存，在结构上互相联结，共同发挥社会整合和社会导向的功能。

1. 精神要素

精神要素即精神文化，它主要指哲学和其他具体科学、宗教、艺术、伦理道德以及价值观念等，其中价值观念最为重要，是精神文化的核心。精神文化是文化要素中最有活力的部分，是人类创造活动的动力。没有精神文化，人类便无法与动物相区别。价值观念是一个社会的成员评价行为和事物以及从各种可能的目标中选择合意目标的标准。这个标准存在于人的内心，并通过态度和行为表现出来，它决定人们赞赏什么，追求什么，选择什么样的生活目标和生活方式。同时，价值观念还体现在人类创造的一切物质和非物质产品之中，产品的种类、用途和式样无不反映着创造者的价值观念。

2. 语言和符号

语言和符号具有相同的性质即表意性，在人类的交往活动中，二者都起着沟通的作用。语言和符号还是文化积淀和储存的手段。人类只有借助语言和符号才能沟通，只有沟通和互动才能创造文化，而文化的各个方面也只有通过语言和符号才能反映和传授。能够使用语言和符号从事生产和社会活动，创造出丰富多彩的文化，是人类特有的属性。

3. 规范体系

规范是人们行为的准则，有约定俗成的（如风俗等），也有明文规定的（如法律条文、群体组织的规章制度等）。各种规范之间互相联系、互相渗透、互为补充，共同调整着人们的各种社会关系。规范规定了人们活动的方向、方法和式样，规定语言和符号的使用对象和方法。规范是人类为了满足需要而设立或自然形成的，是价值观念的具体化。规范体系具有外显性，了解一个社会或群体的文化，往往是先从认识规范开始的。

4. 社会关系和社会组织

社会关系是上述各文化要素产生的基础，生产关系是各种社会关系的基础。在生产关系的基础上，又发生各种各样的社会关系。这些社会关系既是文化的一部分，又是创造文化的基础。社会关系的确定要有组织保障。

社会组织是实现社会关系的实体。一个社会要建立诸多社会组织来保证各种社会关系的实现和运行，家庭、工厂、公司、学校、教会、政府、军队等都是保证各种社会关系运行的实体。社会组织包括目标、规章、一定数量的成员和相应的物资设备，既包括物质因素又包括精神因素。社会关系和社会组织紧密相连，是文化的重要组成部分。

5. 物质产品

经过人类改造的自然环境和由人创造出来的一切物品，如工具、器皿、服饰、建筑物、水坝、公园等，都是文化的有形部分，其凝聚着人的观念、需求和能力。

二、优秀传统文化

（一）传统

1. 对传统的基本认识

所谓传统，是指人类的生存行为经由历史凝聚、积淀、传承下来的稳定的社会价值形态和文明形态，如伦理道德、价值观念、风俗习惯、艺术传统、行为规范等。

尽管对传统的解释众说纷纭，但其关键要素体现在三个方面，即历史积淀、稳定性、社会形态。也就是说，传统必须是在历史中形成的具有稳定性特点的社会文明形态，它是一个民族或地区的人们在长期的生存实践中，经过反复选择、认同而形成的具有广泛社会基础的价值立场和行为范式。这也是传统与当代的区别。

2. 传统与现代的关系

传统是人类社会的文化遗传，对社会的和谐与稳定具有强大的整合作用，对人们的价值取向、行为准则以及社会的发展具有引导功能。就一个民族而言，传统形成的社会认同性在民族社会中代代相传，是这个民族潜移默化的深层意识形态，是影响其社会发展的巨大源动力。因此，继承并弘扬优秀文化传统，是一个民族继往开来的必然选择。

人类社会及人类自身的发展总是需要吐故纳新、兼收并蓄的。所以，对传统的继承与弘扬也应与时俱进，使其不断更新、完善，在现实社会中更好地发挥其价值。因此，传统与现代的关系并不是二元对立的，而应该是二元和谐的。也就是说，人类社会应该在发展中继承、在继承中发展。传统与现代的二元统一才是保证社会良性发展的根本。

（二）传统文化

1. 传统文化的含义

所谓传统文化，是指在长期的历史发展过程中形成和发展起来的，保留在每个民族中的具有稳定形态的文化。它是一个民族的历史遗产在现实生活中的展现，有着特定的内涵和占主导地位的基本精神。它承载着一个民族的价值取向，影响着一个民族的行为方式和生活方式，汇集了一个民族自我认同的凝聚力。

中国传统文化是指在长期的历史发展过程中形成和发展起来的，保留在中华民族中的具有稳定形态的中华文化，具体包括思想观念、思维方式、价值取向、道德情操、礼仪制度、风俗习惯、行为方式、生活方式、宗教信仰、文学艺术、教育科技等。它是中华民族团结奋进、继往开来、开创美好明天的坚实基础。

2. 传统文化的类型

传统文化依据不同的标准可分为以下几类。

（1）依据地理环境

按照地理环境的不同，中国传统文化可分为河谷型、草原型、山岳型、海洋型。中国传统文化以河谷型为主。

河谷型的突出特点是内聚力和容纳性强，草原型的流动性和外向性比较明显，山岳型的封闭性和排他性较为突出，海洋型则以开放性和冒险性为主。河谷型文化是一种以农业为主体的混合型文化，由于其自身的内聚力和容纳性，几千年来融合、同化了周围众多其他文化类型，并使其内涵逐渐丰富起来，最终成为中国传统文化的主要类型。

（2）依据生产方式

按照生产方式的不同，中国传统文化可分为农业文化、工商文化、游牧文化。中国传统文化以农业文化为主。

中国传统文化孕育在一个农业宗法社会的母体之中，农业经济一直是中国古代社会的主干，长期的农耕生活使中国人形成了安土重迁、追求稳定和缺乏冒险精神的性格特征，甚至把工商贸易视为"末业"加以抑制，因此，农业文化是中国传统文化的主要类型。

（3）依据哲学思想

按照哲学思想的不同，中国传统文化可分为儒家文化、道家文化、法家文化和佛教文化等。中国传统文化的核心内容由多家思想共同构成，但儒家思想始终处于主导地位。在这一格局下，各家思想相通互补、互为关联，从而形成了中华民族共同的理想人格、价值观念和思维定式。

中国传统文化特别强调"德政"思想，强调道德感化作用和身教作用，不仅把道德的实现视为人生实现的内容，而且视为政治上的最终目标。在中国封建社会，道德人格在社会生活和政治生活中有着无形且强大的影响，是一种比法律更为有效的手段。人们首先考虑的不是遵从国家法律，而是如何在错综复杂的人际关系中履行好道德伦理义务。因此，中国传统文化是一种趋善求治的伦理政治型文化。

（三）优秀传统文化

1. 优秀传统文化的含义

中华优秀传统文化包含于中国传统文化，是中国文化的重要内容。中华优秀传统文化就是指中华传统文化的精华与灵魂，体现着中华民族精神的价值。这部分优秀文化在中华民族的发展史上，在中华民族思想发展史上起到过积极的推动作用，对于现代社会来说也有其相对的价值，于文化思想层面上来说，能够促进社会进步和民族发展。

归根结底，中华优秀传统文化即在中华民族漫长的发展史中形成的、在促进历史的发展上发挥着积极推动作用，并且至今仍具有重要价值的一类思想文化。以爱国主义为核心的中华民族精神、君子和而不同的宽恕思想、勤劳勇敢的品德、不屈不挠的奋斗精神、克己奉公的人生态度等都是中华优秀传统文化，是中华民族在历史发展中创造出的精神财富，生生不息，代代相传。

2. 优秀传统文化的现代解读

弘扬中华优秀传统文化不仅是当代中国文化建设的重要内容，而且也是国家治理体系和治理能力现代化建设的重要方针。习近平总书记指出："一个国家选择什么样的治理体系，是由这个国家的历史传承、文化传统、经济社会发展水平决定的，是由这个国家的人民决定的。我国今天的国家治理体系，是在我国历史传承、文化传统、经济社会发展的基础上长期发展、渐进改进、内生性演化的结果。"我们所选择的中国特色社会主义道路、所培育和践行的社会主义核心价值观、所传承的中华优秀传统美德都属于国家治理体系范畴，都得益于中华优秀传统文化的有效滋养。

（1）中国优秀传统文化滋养着中国特色社会主义

"中华特色"是自古以来中国独有的、彰显中国风格气派的、由中国这个特定的具体的环境所创造的。中国共产党人积极自觉地把中华优秀传统文化与中国特色社会主义有效对接起来。"独特的文化传统，独特的历史命运，独特的基本国情，注定了我们必然要走适合自己特点的发展道路。"这就是中国特色社会主义道路。"这条道路，是中国共产党带领中国人民历经千辛万苦、付出巨大代价开辟出来的，是被实践证明了的符合中国国情、适合时代发展要求的正确道路。"习近平总书记指出，"宣传阐释中国特色，要讲清楚每个国家和民族的历史传统、文化积淀、基本国情不同，其发展道路必然有着自己的特色；讲清楚中华文化积淀着中华民族最深沉的精神追求，是中华民族生生不息、发展壮大的丰厚滋养；讲清楚中华优秀传统文化是中华民族的突出优势，是我们最深厚的文化软实力；讲清楚中国特色社会主义植根于中华文化沃土、反映中国人民意愿、适应中国和时代发展进步要求，有着深厚历史渊源和广泛现实基础"。这四个"讲清楚"，深刻阐释了中国特色社会主义根植于中华优秀传统文化、中华优秀传统文化助力着中国特色社会主义建设的辩证统一关系。

具体而言，中华优秀传统文化中的"力行"思想、"治国平天下"理念、"中庸"理论、"大同"社会理想分别与马克思主义的实践学说、改造世界学说、唯物辩证法、共产主义学说有着明显的契合之处。正是这些相通之处奠定了中华民族接受马克思主义的文化基础，促进了中国特色社会主义理论体系的形成。中国特色社会主义理论不仅源于马克思主义，而且也源于中国传统文化，是马克思主义基本原理同中国实际即社会主义建设实践、中国历史文化相结合的产物。这些内在的思想会通，既为中国共产党和中国人民接受马克思主义提供了可能，也为马克思主义中国化提供了现实土壤。所以，在建设中国特色社会主义的过程中，不仅需要马克思主义理论的科学指导，而且还需要中华优秀传统文化的滋养。

（2）中华优秀传统文化是社会主义核心价值观的源泉

党的十八大以来明确提出要"倡导富强、民主、文明、和谐，倡导自由、平等、公正、法治，倡导爱国、敬业、诚信、友善，积极培育社会主义核心价值观"。每一个民族及其所建立的国家，在一定阶段内都会形成与其根本制度、社会发展相适应的并能主导和维系全社会思想和行为的核心价值观。一个民族、一个国家的核心价值观必须同这个民族、这个国家的历史文化相契合，同这个民族、这个国家的人民正在进行的奋斗目标相结合，同这个民族、这个国家需要解决的时代问题相适应。社会主义核心价值观引领并支撑着中国特色社会主义事业的建设，有助于实现中华民族的伟大复兴。习近平总书记指出，"中华优秀传统文化是中华民族的精神命脉，是涵养社会主义核心价值观的重要源泉，也是我们在世界文化激荡中站稳脚跟的坚实根基"。我国的社会主义核心价值观根植于中华优秀传统文化，中华优秀传统文化为培育社会主义核心价值观提供了丰富的辩证关系。

社会主义核心价值观之所以源于中华优秀传统文化，不仅因为中华优秀传统文化内涵丰富，更因为其适合中华民族的发展并与时俱进，持久地维系着中华民族。因此，培育和践行的社会主义核心价值观必然折射出中华优秀传统文化。中华优秀传统文化中"实干兴邦"的治国理念，"兼听则明"的民主思想，"以和为贵""和而不同"的发展道路，"天下大同"的社会理想，"礼法合治"的治国策略，"精忠报国"的爱国情怀，"敬业乐群"的职业操守，"己所不欲勿施于人""与人为善"的处世之道，"择善而从""仁者爱人"的道德修为，这些都为倡导和践行的社会主义核心价值观提供了思想基础与力量源泉。

（3）中华优秀传统文化是中华传统美德的资源宝库

2013年11月，习近平考察了曲阜孔府和孔子研究院，向全社会传递了中国共产党重视中华优秀传统文化与传统美德的重要信息。他说："国无德不兴，人无德不立。必须加强全社会的思想道德建设，激发人们形成善良的道德意愿、道德情感，培育正确的道德判断和道德责任，提高道德实践能力尤其是自觉践行能力，引导人们向往和追求讲道德、尊道德、守道德的生活，形成向上的力量、向善的力量。只要中华民族一代接着一代追求美好崇高的道德境界，我们的民族就永远充满希望。"这些论断，不仅从理论层面阐释了道德建设是道德认知、道德情感、道德意志、道德信念和道德行为层层递进、一以贯之的过程，而且也深刻揭示了道德建设在兴国立人方面的重要价值。

道德是精神层面的文化，其自始至终都依托着文化这个载体。故此，中华优秀传统文化必然蕴藏着我们这个民族优良的道德规范，即中华传统美德。中华文化源远流长，积淀着中华民族最深层的精神追求，代表着中华民族独特的精神标识，为中华民族生生不息、发展壮大提供了丰厚滋养。中华传统美德是中华文化的精髓，蕴含着丰富的思想道德资源。不忘本才能开辟未来，善于继承才能更好地创新。这就强调了作为中华文化精髓的中华传统美德，对于当今中国加强道德建设具有重要的借鉴意义。2000多年前，中国就出现了诸子百家的盛况，老子、孔子、墨子等思想家上究天文、下穷地理，广泛探讨人与人、人与社会、人与自然关系的真谛。他们提出的很多理念，如孝悌忠信、礼义廉耻、仁者爱人、与人为善、天人合一、道法自然、自强不息等，至今仍然深深影响着中国人的生活。中国人看待世界、看待社会、看待人生，有自己独特的价值体系。中国共产党既强调了道德建设的重要性，也指出了道德建设应充分借鉴中华传统美德的必要性；既列举了中华传统文化观照下的伟大思想家，也总括了他们影响深远的道德思想。这种层层递进的逻辑论证，旨在强调当下中国共产党推进社会主义道德建设必须充分汲取中华传统美德的丰厚滋养，以此全面彰显中华优秀传统文化的当代价值。

三、优秀传统文化的历史地位

尽管进入近代社会，由于西方文明的冲击，中国传统文化面临着严重危机和进退两难的艰难抉择。但纵观历史发展的历程，不可否认在几千年来的发展历程中，中国传统文化作为中华民族的灵魂和脊梁，长期成功地把以农业为本的中国人稳定地维系在一起，创造出了在自然经济条件下世界上最高的物质文明和精神文明，维系着中华民族的繁衍生息。此外，作为唯一没有中断过的文化体系，对世界文明的发展起了巨大的推动作用。

（一）优秀传统文化维系着中华民族的繁衍生息

1. 强烈追求大一统

"天下一家""四海之内皆兄弟"等都是中华优秀传统文化的重要内容，并流淌在中华民族每一个成员的血液里，成为一种坚如磐石的文化心理。以国家统一为乐，以江山分裂为忧，是整个中华民族的政治价值取向。《诗经》所言："普天之下，莫非王土；率土之滨，莫非王臣。"此乃中华民族大一统观的重要思想之源。经过儒、法两家的论证和充实，经过历代思想家和统治阶级的丰富和发展，这种大一统思想和观念深深印入中华传统文化之中，并在文学、艺术、建筑以及人们的思维方式、行为方式、生活习俗等方面打上深刻的烙印。

这一点，从中国历史进程看，体现得非常明显。自公元前221年，秦始皇一统天下到现在，尽管中国历史反复出现过"分久必合、合久必分"的局面，但从时间跨度看，统一的时间长于分裂的时间。这说明，在我国历史上，统一是主流，分裂是暂时的。在统一时，政治家、思想家和广大人民都反对分裂；而在分裂时，人民都盼望统一，政治家、军事家、思想家则为争取国家统一而奋斗不息。所有这些都说明，崇尚统一，维护多民族国家的共同利益是中华民族的优良传统。在历史长河中，国家统一是中国民众的希望，因为能够统一，全国民众便能享稳定、和平、安宁之福，而不能统一就要受流离之害。

2. 极力主张经世致用

务实事、轻玄想，重实用、戒空谈，看实效、重实绩，是中国优秀传统文化的又一个重要传统。作为一种价值取向，主张身体力行，就是反对说空话，主张办实事，主张"独善其身"或"兼善天下"，不论是加强个人品德的修养，还是为人民办好事、谋利益，总之要有实际行动，并要有看得见摸得着的效果。这样才活得有意义，才是人生的价值所在。中华传统文化强调经世致用，就是主张做任何学问都要有利于国计民生。比如，修史是为了察古知今、鉴戒垂训，因此才有了《资治通鉴》等这样的史学巨著；写文章强调"文以载道"，因为它是"经国之大业，不朽之盛事"；写诗作词是为了"诗言志"，不仅仅是要抒发自己的离情别绪，还为了"资父事君"；绘画是为了"助名教而翼群伦"；音乐则是为了移风易俗，因为它可以善人心，感人至深；等等。在这种经世致用的治学传统影响下，中国古代的科学也成为实用科学。无论是天文、数学、医药、地理、水利，还是四大发明，大多与国计民生密切相关。这些实用科学的成就之高、解决实际问题的能力之强，让世界各国的科学家都叹为观止。

3. 深沉的爱国至上情怀

爱国主义是数千年来中华优秀传统文化的永恒主题，是民族精神的最集中体现。从"天下兴亡，匹夫有责"的社会责任感，到"见义勇为""富贵不能淫，贫贱不能移，威武不能屈"的不屈精神等，其核心内容就是爱国主义精神。正是因为有了这种高尚的爱国主义精神，才使得中华民族在外敌入侵时，能够团结一致,同仇敌忾,奋起抗争,并成为维护民族和国家统一的强大凝聚力和向心力。

我国古代许多著名英雄都是因为爱国,才被人民永远纪念的。比如,屈原"书楚语、作楚声、经楚地、名楚物",以自己的赤诚之心和一生的血泪写下了《离骚》《九歌》等爱国主义诗篇;苏武誓不投降匈奴,在北海牧羊十九年,持汉节不失,忠心不变;杨业宁死不降,岳飞精忠报国;范仲淹提出"先天下之忧而忧,后天下之乐而乐";文天祥拒绝当元朝的宰相,以"人生自古谁无死,留取丹心照汗青"的浩然正气走向刑场;明朝的东林党领袖顾宪成提出"风声、雨声、读书声,声声入耳;家事、国事、天下事,事事关心";抗倭名将戚继光写下了"封侯非我意,但愿海波平"的著名诗句;明末清初的顾炎武提出"天下兴亡,匹夫有责";林则徐提出"苟利国家生死以,岂因祸福避趋之",一腔正气,无私无畏。所有这些,无一不是爱国主义精神的典型写照。中国传统文化强调以治国、平天下为人生的最高目标,强调将国家的利益放在首位,这种精神教育与感染了一代又一代的中国人,成为中华民族最可贵的精神传统之一。

4. 自强不息的进取精神

自古以来,自强都是中华民族的重要传统。《周易》中说"天行健,君子以自强不息",这仅仅是一种个人的自强。中华优秀传统文化中的自强,更多的是指民族要自强、国家要独立的思想,是一种永不满足现状、不断改革进取、革新图强的精神,是一种"奋发振强,励精不已"的积极进取的情怀。这种锲而不舍、百折不挠、自强不息的精神,激励着一代又一代的中华儿女为民族和国家的进步而努力奋斗。

5. 持中贵和的处世之道

中国优秀传统文化历来主张人与人、人与自然、人与社会要和谐共生。只有和谐,万物才得以生长,天下才能太平,国家方能兴旺,个人才能幸福。这种持中贵和的精神渐渐成为中华民族普遍的社会心理和共同价值追求。例如,在人伦上,人们重视各阶层、各民族和谐,主张"克明俊德,以亲九族。九族既睦,平章百姓。百姓昭明,协和万邦";在经济上,主张"百姓时和,事业得叙""不患寡而患不均";在思想上,主张"执其两端,用其中于民",既不要过分也不要不及;在个人修养上,主张"从容中道""文质彬彬";在艺术上,主张"乐而不淫,哀而不伤";在美学上,主张"以和为美";在戏剧文学上,主张"大团圆"的结局;等等。

6.内圣外王的理想人格

中国优秀传统文化十分注重个人修养与达济天下的高度统一，强调人格，提倡节烈，主张为国尽忠，杀身以成仁，舍生以取义，这是中华优秀传统文化的一个特点。孔子认为，人生在世一定要有独立的人格。为了维护自己人格的尊严，为了实现自己的志向，宁可牺牲生命，也不能苟且偷生。他说："志士仁人，无求生以害仁，有杀身以成仁。"他又说："天下有道则见，无道则隐。"政治清明，符合自己为之奋斗的理想，可以出来做官；天下无道，政治黑暗，就应该退隐，而不应贪图宝贵荣华。孟子认为，生命与道义都是可贵的，假如二者不能兼得，就应该舍生以取义。他认为，大丈夫应该具备一种"富贵不能淫，贫贱不能移，威武不能屈"的精神。

（二）优秀传统文化对世界文明所做的贡献

1.思想影响

中华优秀传统文化中的伦理哲学、政治理想，尤其是儒家思想产生于春秋战国时期，作为天人之学、道德人文之学、群体和谐之学、忠恕宽人之学、义利调适之学、大同小康之学，大约在1 000年前逐渐被东亚与南亚地区所接受，成为亚洲文化。后来又传播到西方，对欧洲的思想启蒙运动产生过巨大的影响，成为世界文化的一部分。法国大文豪、著名思想启蒙家伏尔泰在其著作《风俗论》中，以儒家道德理想主义为根据，批判教会的蒙昧主义，盛赞中华文明。他向欧洲呼吁："我们绝不应该站在欧洲人的立场上，来对这个民族的历史加以评头论足，因为我们还处于野蛮时代时，这个民族就已经具有高度的文明了"。

2.典章制度

中国自汉代以来就开始建立文官考选制度，隋唐以后演变为完备的科举制度，其"学而优则仕"的公平性、开放性和流动性，对整个世界都产生了深刻影响。在中国使节的协助下，朝鲜于958年照搬唐朝科举制，进行人才选拔；后来，日本也仿照唐制，实行科举制；越南于1075年仿照中国做法实行科举制，是世界上最晚废除科举制的国家；英国1855年试行并于1870年全面推行文官考试、美国1883年开始采用文官考试制度，这都源于中国科举制度对欧美国家产生的直接或间接的影响。

对此，很多西方学者对中国的科举制度都有着极高的赞赏和评价。美国学者克拉克（Clark）在《哈佛亚洲研究学报》上发表论文说："以科举考试为核心的中国文官行政制度的创立，是中国对世界最重要的贡献之一"。美国汉学家德克·卜德（Derk Bodde）曾说："科举制无疑是中国赠予西方的最珍贵的知识礼物。"《剑桥中国隋唐史》的编者丹尼斯·崔瑞德（Denis Twitchett）认为，科举制度"为所有西方国家以考试录用人员的文官考试制度提供了一个遥远的榜样"。

3. 农耕技术

中国是世界上最早的农耕文明的重要发祥地之一。中华农耕文明在长期的发展过程中，创造出高度发达的农耕技术，形成了完善的农业科技体系。保留至今的农书就达 300 种，如汉代氾胜之的《氾胜之书》、北魏贾思勰的《齐民要术》、元代王祯的《农书》和明代徐光启的《农政全书》等。国外学者认为，中国早在公元 6 世纪就已经形成了系统完整的耕作理论。中华农耕文明的发展超过了世界上任何一个地区，成为农耕文明的一大典范，对世界农业文明的发展做出了巨大的贡献。

4. 文化艺术

在长期的发展过程中，中国人创造出了许多在世界上都是独具特色的文化艺术，如中国文学、书法、绘画、建筑、戏剧、雕塑、音乐、武术、瓷器，以及众多非物质文化遗产。随着中外文化交流的深入，中华优秀传统文化艺术受到世界各地人民的好评和青睐。

这里仅以瓷器为例，就可见中华优秀传统文化艺术对西方国家的影响。"中国"在英语中之所以被称为"China"即瓷器，无疑是因为中国瓷器文化在世界产生了既广且深的巨大影响。17 世纪后叶，中国曾向欧美出口大量的纹章瓷。纹章瓷又称"徽章瓷"，因其印有欧洲贵族家族的徽章而得名。17 世纪后期，法国宰相马扎然（Mazarin）按照国王路易十四的命令建立了"中国公司"，在广东订制了大批带有甲胄、军徽、纹章图案的瓷器，他还委托法国商人在江西用景德镇瓷制造瓷塑像，表现路易十四和夫人身穿中国丝绸织锦做成的中国式服装载歌载舞的情景。此后纹章瓷便在欧美等地盛行起来。俄国彼得大帝也在中国订造瓷器，并绘制双鹰国徽。直到现在，中国的故宫博物院还收藏有康熙年间烧造的有俄国国徽的彩瓷。曾经有许多墨西哥人来我国订制绘有自己家族标志徽记或勋章图案的成套餐具或茶具。瓷器作为一种日用品，特别是作为饮食器皿，在欧亚非美四大洲传播，美化了他们的生活，使他们的日常饮食、宫廷宴会具有了一种文明风范，甚至改变了一些民族和国家人民的生活方式。

5. 科学技术

中国是世界四大文明古国之一，有着源远流长的历史和博大精深的文化。在漫漫的历史长河中，勤劳智慧的中国人民曾经在自然科学和技术领域取得了累累硕果。中国人民在古代天文学、物理学、化学、医药学以及建筑、纺织、陶瓷、造船、水利建设等方面获得杰出成就，举世闻名的造纸术、印刷术、指南针、火药四大发明更是促进了整个人类文明的进步。

6. 中医中药

中医药学是中华民族优秀传统文化之瑰宝，是我国劳动人民在长期与自然灾害和疾病做斗争中反复实践、总结而逐步形成的一套理论体系和方法。它历史悠久，资源丰富，理论独特，在世界上有广泛的影响，具有很高的实用价值和丰富的科学内容，是我国医药宝库中的重要组成部分。它不仅是中国的优秀文化遗产，而且也是世界的优秀文化遗产。

早在秦汉时期，中医药就传到朝鲜、日本、越南；公元1世纪至5世纪，中国炼丹术就经阿拉伯国家传到欧洲，中药材大黄远销欧洲；在唐代，不少国家派人来中国学习中医药；宋朝时，在与海外50多个国家通商中，就含有大量中药材；1405年至1433年，明成祖派郑和率领庞大的中国船队7次下南洋和西洋，输出了大量的药材，如大黄、当归、鹿茸、茯苓、肉桂等；17世纪来华的波兰传教士翻译了中医的脉学著作，并被转译成法文、意大利文，其后，英国名医弗洛伊德（Freud）也致力于脉学研究；18世纪以来，中医针灸技术在欧洲引起了普遍关注，相继出现了多种著作和研究组织。新中国建立后，中医药的影响越来越大。20世纪六七十年代，出现了"针灸热""中医热"。进入80年代，欧美发达国家又兴起了"中药热"。各国纷纷派留学生到中国来学习中医药，派使团来华参观、学习、考察。

第二节 优秀传统文化的基本特征

一、整体性

中华优秀传统文化的核心特征是整体性。中国几千年的传统封建社会属于传统农业文明和自然经济社会，传统农业文明和自然经济社会要求借助群体的力量来实现民族的生存与发展。中华传统文化的优秀成果就是站在国家整体的角度进行研究的，因为中华民族始终把群体利益置于个体利益之上。这种群体性精神不是强调个体独立人格的确立，也不是强调个体心理特征和性格特点的充分发挥，而是强调一种人们应该具有的对别人、对社会的人伦义务。

中华优秀传统文化博大精深、源远流长，只有在比较全面地了解中华文化各个门类的基础上，才有可能对其总体特征与实质获得较深入的理解。事实上，整体性把握文化，本身就是中华优秀传统文化的基本精神之一。中华优秀传统文化的整体性体现为注重以血缘、亲情为纽带的家庭关系，个体的生存和发展依赖于家庭、国家的生存和发展。中华优秀传统文化的整体性对中华民族凝聚力的增强、国家的形成和发展起到了重要作用，并促成了中国整体主义和集体主义的形成与发展。

二、时代性

时代性是指优秀传统文化要与时代需要、时代发展相结合，从而让优秀传统文化焕发出新的魅力。中华传统文化会随着社会的发展而不断地发展和进步，因为文化的本质不是既成的事物而是变化的过程。多少年来，传统文化一直处于不断继承与不断变化的对立统一规律之中，呈螺旋式上升和波浪式前进的状态。旧的形式不断被新的形式所替代，但在新的形式中又包含着不变的民族精神。

中华文化源远流长，孕育了中华民族的宝贵精神品格，培育了中国人民的崇高价值追求。自强不息、厚德载物的思想，支撑着中华民族生生不息、薪火相传，今天依然是我们推进改革开放和社会主义现代化建设的强大精神力量。中华传统文化的时代性主要体现在内容的选择方面，也就是说，中华传统文化的时代性需要根据时代需要进行取舍。在内容选取的过程中，一方面要结合当前社会主义现代化建设的需要，另一方面要结合大学生生命成长与发展的需要，从而让优秀传统文化能够真正为现代事业的发展提供精神资源与动力。

三、地域性

优秀传统文化的另一个重要特征就是地域性。事实上，中华传统文化的内容是一个民族、一个区域的人们在千百年来的生产、生活中的积累和沉淀，是当地劳动人民集体智慧的结晶，是特定地域风格、文化观念乃至行为方式的体现，不仅具有很强的地域性，而且具有时间上的延续性，还具有表现形式上的独特性。

中国国土辽阔、地大物博、人口众多，传统文化的内容也丰富多彩，在中华传统文化这一体系中，既有黄河流域的华夏文明作为主体，也有各地方多样的少数民族文化作为补充，相得益彰。

中华优秀传统文化早在数千年前就与异国文化开始了交流。汉唐时期，中华文化是相当开放的。在许多方面，中华民族的祖先曾非常勇敢地、毫不犹豫地吸收外来文化因素并加以改造，不断丰富中华文化的内涵。从意识形态方面看，中国接受了从印度传来的佛教，这是世界主要文明体系之间的最大规模的交流之一；从艺术方面看，中国大量吸收了沿丝绸之路传来的异国音乐、舞蹈，并使之中国化。与此同时，中国也将自己的文化向外输出，如四大发明、丝绸与瓷器等工艺制作等，都对世界文化产生了积极的影响，对人类文明做出了巨大贡献。

四、继承性

人类是代代繁衍、延续不断的，每一代人都生活在特定的历史文化环境下，文化也是薪火相传的。每一个民族，不管其社会进步和变迁的进程如何，总是或多或少从上一代那里继承着本民族传统文化的基因，并根据时代需要与时俱进，不断创新和完善，使之适应新的时代和社会发展的需要。正是通过世代传承积累和变异更新，人类文化才会日益丰富。从石器时代、青铜器时代、铁器时代、蒸汽时代、电气时代到现在的信息时代，都是生产力发展和文化传承的结果。

五、发展性

传统文化产生于特定时代，因时代的局限性，其具有两面性，其中精华与糟粕并存。优秀传统文化对教育有正面的、积极的影响，反之，传统文化中不好的部分有负面的、消极的作用。继承是发展的前提，发展是继承的必然要求，继承和发展是统一过程的两个方面。文化在继承的基础上发展，在发展的过程中继承，在这个过程中，不断革除陈旧的、过时的旧文化，推出体现时代精神的新文化，即"取其精华，去其糟粕，推陈出新，革故鼎新"。

"不忘本来才能开辟未来，善于继承才能更好创新。"习近平总书记在参观历史文化名城山东曲阜孔府、孔子研究院时强调，中华传统文化是我们民族的"根"和"魂"，如果抛弃传统、丢掉根本，就等于割断了自己的精神命脉。要坚持马克思主义的方法，采取马克思主义的态度，坚持古为今用、推陈出新，有鉴别地加以对待，有扬弃地予以继承，既不能片面地讲厚古薄今，也不能片面地讲厚今薄古。

继承和发展传统文化，首先要区分"精华"与"糟粕"，传承其中优秀的部分，舍弃其中陈旧腐朽的部分。比如，近些年兴起了女德学习热潮，提倡学习《女诫》等古籍，书中教女子勤俭持家、举止得体等，这些依然值得现代女性学习。但其中陈旧的思想要抛弃，"来嫁从父、出嫁从夫、夫死执子"等观念，"女子无才便是德"等言论，严重损害了女性的自由与平等权。苏绣是中国四大名绣之一，在苏绣的传承中，苏绣艺人们就把苏绣细腻的针法和素描的特征进行结合，创造出全新的针法，虽与原本的苏绣作品截然不同，但这也是对苏绣的传承。因此我们在传承传统文化的同时也要大胆地进行创新，将新时代的元素添加进去，为传统文化的传承打开新局面。

在继承和发扬优秀传统文化时应该认清，我们学习并传承的是文化内涵，是精神、思想和灵魂，而不是形式。以古人之规矩，开自己之生面，相信随着社会的发展和不断进步，老祖宗留下来的优秀传统文化必然会薪火相传，并能实现中华文化的创造性转化和创新性发展。

六、民族性

一个民族、一个国家的文化，承载着这片区域上世代生活的人们所创造出的物质财富和精神财富，呈现出特定的民族性，从而和其他国家、其他民族区别开来，历久弥新的传统文化自身就承载着"民族性"这一特征。这也是中华优秀传统文化发展中一种内生性的、极具民族独特性的基因，铭刻着中华民族的兴衰成败。

七、伦理性

中华传统文化是一种伦理型文化，这种文化有着我们中华民族自身的特点，按照中国古代的传统说法，可以把中华传统文化叫作"崇德"型文化。中华传统文化最重要的社会根基是以血缘关系为纽带的宗法制度，它在很大程度上决定了中国的社会政治结构及其意识形态。由家庭发展成家族，再集合为宗族，组成社会，进而构成国家，这种家国同构的宗法制度是形成中华传统文化重伦理、倡道德的根本原因。

五伦、五常、四维、八德描述了中华道德发展的历程。中华传统道德发展的历史告诉我们，道德的产生与发展都是人类社会生活的需要，并随着社会生活的变迁而变化，这种变化既包括基本道德规范数量的增减，也包括每种道德规范在不同历史时期自身内涵的丰富与发展。

五种人伦关系包括：父子有亲、君臣有义、夫妇有别、长幼有序、朋友有信。也就是说，父子之间有骨肉之亲，它是排在第一位的，可见其重要性；君臣之间要有礼义之道，也就是说臣对君要忠诚、要尊重；夫妻之间要互相挚爱，而又内外有别，夫要有阳刚之气，妻要温柔、善良和体贴；老少之间要有尊卑之序，晚辈要尊重长辈，长辈要关心和爱护晚辈；朋友之间要真诚、守信。这五伦关系是最基本的、处理人与人之间关系的道理和行为准则。父慈子孝，乃是血脉亲情之道；君义臣忠，乃是上下关系之道；夫刚妇柔，乃是相濡以沫之道；长幼有序，乃是礼义相悌之道；朋友有信，乃是肝胆相交之道。

这种人伦关系的实质是对家庭各个成员应尽的责任和义务加以规定，父母对子女有抚育的责任，子女对父母有奉养的义务。这就是儒家所倡导的"人道亲亲"。由"亲亲"的观念出发，引申出对君臣、夫妻、长幼、朋友等关系的整套处理原则。其中"孝道"是最基本的原则，"百善孝为先"，所以梁漱溟称中国文化为"孝的文化"。"孝"的基本内容是"父为子纲"，强调子女对父母之命的绝对服从。这种道德信念延伸到组织中，衍生出"君为臣纲"，孝道转化为治国之道。于是，个人对国家的责任就变成了对权威无条件的伦理服从。高居于万民之上的君主就获得了维护自己统治权的理论依据，并把以道德教化控制臣民变为现实，这就是"以孝治天下"。

我们可以将这种忠孝原则推广一下，这种原则可以用以处理个人与社会、个人与他人的关系，其基本的道德原则就是"己所不欲，勿施于人""老吾老以及人之老，幼吾幼以及人之幼""己欲立而立人，己欲达而达人"。

在中国的传统教育中，重伦理、倡道德始终处于核心地位，德教为先，育人重德。从先秦的孔子、孟子、荀子一直到宋明以后的程朱理学、陆王心学都始终把伦理道德教育作为中心，以"明人伦"为宗旨。在中国的传统文化中，伦理思想贯穿始终，融汇在中国传统的哲学、政治、历史、文学、教育思想中，并且紧密地结合在一起，这是中华传统文化最显著的特征。

八、和谐性

中华优秀传统文化重和谐与统一的特点，首先体现为人与自然的和谐。《道德经》中提出"人法地，地法天，天法道，道法自然"的哲学观点，道法自然即遵循自然，即万事万物的运行都应遵循自然规律。《中庸》提出："唯天下之至诚，为能尽其性。能尽其性，则能尽人之性。能尽人之之性，则能尽物之性。能尽物之性，则可以赞天地之化育。可以赞天地之化育，则可以与天地参矣。"这段话深刻阐述了天、地、人并立、统一与和谐，圣人一定要用天地大道体悟自己的本性，然后就能了解天地万物的本性，就可以与天地并立，以达成天人和谐统一。

中华优秀传统文化还把协调人际关系放在很重要的位置。孔子主张"礼之用，和为贵"，孟子提出"天时不如地利，地利不如人和"，可见"和"的重要性，"和"是取得事业成功的必备条件。《国语·郑语》称："商契能和合五教，以保于百姓者也。"在这里"五教"是指父义、母慈、兄友、弟恭和子孝。管仲认为："畜之以道，养之以德。畜之以道，则民和；养之以德，则民合。和合故能习，习故能偕，偕习以悉，莫之能伤也。"其强调民众和谐的重要性，把民众的和谐统一视为民众道德高尚的直接体现，认为民众和谐就是学习道德，民众只要能够和合，就能产生强大的精神力量，这种力量能够为造福社会和人民做出巨大贡献。反之，天下不安定的原因就是"内之父子兄弟作怨仇，皆有离散之心，不能相和合"。

孔子主张"君子和而不同，小人同而不和"，只有交流各种思想，才能构成和谐。和谐的最高境界就是"大同理想"和"中庸之道"。"大同理想"的实质是一种对和合境界的追求。"中庸之道"是处理人与人、人和社会关系达到和谐境界的最高原则和最高境界，孔子把它称作"最完美的道德"。何谓"中庸"，宋代理学家解释道："不偏之谓中，不易之谓庸。中者，天下之正道；庸者，天下之定理。"可见，中庸的核心思想就是强调人们在为人处事上思想和行为的适度和守常。我们应做到孔子倡导的"五德"，即"惠而不费，劳而不怨，欲而不贪，泰而不骄，威而不猛"，以此达到人与人之间和睦相守的完美境界，实现社会的"大同"理想。这种强烈的和谐意识使中华民族具有强大的民族凝聚力和向心力。

第三节　优秀传统文化的思想成就

一、儒家思想

儒家思想是中国传统文化的主体，对中华民族乃至世界的发展产生着深远的影响，但儒家思想的主体地位并不是开始就有的，它的形成、发展、兴盛和衰落反映着历史发展的规律，与中国封建社会的兴亡息息相关。

（一）儒家的产生

探讨儒学的产生和发展，首先要面对儒的问题。究竟什么是儒，关系到儒学的性质，我们可以进行一下考证。

东汉许慎认为:"儒,柔也,术士之称。从人,需声。"
东汉郑认为:"儒之言优也,柔也;能安人,能服人。"
西汉扬雄认为:"通天地人曰儒,通天地而不通人,曰伎。"
西汉韩婴认为:"儒者,儒也。儒之为言无也,不易之术也。"
东汉应劭认为:"儒者,区也,言其区别古今。居则玩圣哲之词,动则行典籍之道。稽先王之制,立当时之事,此通儒也。若能纳而不能出,能言而不能行,讲诵而已,无能往来,此俗儒也。"

《周礼·天官》云:"儒,以道得民。"郑玄曰:"儒,诸侯保氏,有六艺以教民者。"贾公彦曰:"诸侯师氏之下又置一保氏之官,不与天子保氏同名,故号曰儒。"

由以上关于"儒"的记载和训诂我们可以看出,无论解释为柔、优还是儒,儒形容的都是一种具有特殊行为方式的人。这种人最初是与"方士""伎"联系在一起的。儒的产生是早于儒家学派的,而且儒家学派建立之后,也有些方士虽不是儒者却照样称"儒"。儒作为一类人究竟是怎样出现的,不同学者有不同看法。胡适认为儒最初是殷民族的教士;冯友兰认为儒不与殷民族有关;郭沫若则说儒本来是邹鲁之士、缙绅先生们的专号。

总之,最初的儒应是有知识、懂礼仪、具有独立人格的一些知识分子,他们在春秋战国奴隶制度土崩瓦解的过程中发展成为一个特殊群体。

现代意义上的儒是孔子建立儒家学派以后产生的。《史记·太史公自序》载:"儒者博而寡要,劳而少功,是以其事难尽从;然其序君臣父子之礼,列夫妇长幼之别,不可易也。""夫儒者以六艺为法。六艺经传以千万数,累世不能通其学,当年不能究其礼,故曰'博而寡要,劳而少功'。若夫列君臣父子之礼,序夫妇长幼之别,虽百家弗能易也。"

后来班固在《汉书》中又把儒家列为诸子之首,曰:"儒家者流,盖出于司徒之官,助人君顺阴阳明教化者也。游文于六经之中,留意于仁义之际,祖述尧舜,宪章文武,宗师仲尼,以重其言,于道最为高。"

(二)孔子及其思想

1. 孔子的家世与生平

孔子,名丘,字仲尼,春秋鲁昌平乡陬邑(今山东曲阜)人。孔子生于鲁襄公二十二年(公元前551年,周灵王二十一年),死于鲁哀公十六年(公元前479年,周敬王四十一年），享年73岁。

孔子的先人，为宋国贵族，是殷商后代。服虔曰："圣人谓商汤。"杜预曰："孔子六世祖孔父嘉为宋华督所杀，其子奔鲁也。"七世祖正考父，佐宋之戴、武、宣三公，愈受命而愈恭谨，故考父庙之鼎铭云："一命而偻，再命而伛，三命而俯。循墙而走，亦莫余敢侮。"偻、伛、俯，其愈恭敬，人亦愈尊重。及居鲁后，孔子之父叔梁纥曾以战功显，因先妻所生九人皆女，妾生子孟皮又有足疾，故晚年乃娶颜氏女徵在为妻，生孔子。叔梁纥与徵在年龄悬殊，有违于礼仪，故《史记》称"纥与颜氏女野合而生孔子"。

孔子生三岁叔梁纥死，自幼全靠母徵在哺育教养。"孔子为儿嬉戏，常陈俎豆，设礼容。"孔子自言："吾少也贱，故多能鄙事。"孔子17岁时就颇以"知礼"而闻名，是年，鲁大夫孟釐子将死，即告诫其子："今孔丘年少好礼……若必师之。"一说此事当在孔子24岁之时，其时，孔子母亲亦死，孔子便开始了独立谋生的生活。"及长，尝为季氏史，料量平；尝为司职吏而畜蕃息。"此即《孟子》所讲"委吏"与"乘田"，为季氏管理仓库。鲁定公九年，孔子51岁，"定公以孔子为中都宰（中都县长），一年，四方皆则之。由中都宰为司空，由司空为大司寇"。定公十年，孔子参与了齐鲁"夹谷之会"，表现出外交才能。十三年夏，孔子提出"臣无藏甲，大夫毋百雉之城"的建议，并策划实施"堕三都"的活动。由于"堕三都"受阻，内政已颇有危机，又值齐国以"女乐文马"腐蚀鲁国国君，使鲁君"往观终日，怠于政事"。既然道不得行，孔子只好出走，周游列国，开始了长达14年的游荡生活。此后，孔子即把主要精力用于古代典籍的整理工作，直至终老。

2. 孔子思想体系的核心

儒家学派的一系列思想学说，均以孔子的思想学说为根基和源头。孔子既开创了儒家学派，又是儒学的第一位大师，是"儒之所至"或"至圣"。

仁，是孔子及儒家思想学说最基本的范畴之一。近代多数学者认为，孔子思想体系的核心就是仁，这是符合实际的。《吕氏春秋·不二》篇曾以一字列举春秋战国时期十家之所贵，其中孔子即"贵仁"。《庄子·天道》载，老聃问孔子学说之"要"，孔子答曰"要在仁义"。《尸子·广泽》言"孔子贵公"，"公"字所指，亦为平等，无偏无私，实亦"仁"也。说孔子思想体系的核心是仁，表明孔子思想的各个组成部分正是围绕"仁"而形成一个整体的。

"仁"字在《论语》中出现百次以上，其含义宽泛而多变。每一次"仁"的用法和用意都各有不同，但从整体上把握来看，孔子的仁学思想是一个由近及远的四重结构，而这四重结构又互有交叉渗透。孔子的仁学思想在中国传统文化中处于极其重要的地位。

（三）孟子及其思想

1. 孟子的生平

孟子，名轲，邹国人。战国时期比春秋时期更为动荡混乱，民不聊生，礼义尽毁，世人多为富贵与私利而奔走。面对群雄逐鹿、率兽食人的现实，孟子倡导王道仁政，反对霸道，并以"仁义"游说齐、梁、鲁、邹等国。

然而，诸侯国君心思各异，强国志在富国强兵，并吞天下，弱国备受侵凌，欲求自保而不得，由此，孟子的仁政理想难以实现。然而，孟子颇具思辨色彩的性善学说与性命思想，深得人心的民本思想和仁政主张，使他得到后世的尊崇，被尊为"亚圣"。

2. 孟子的思想

孟子主张"性善"论，认为人生来即有向善之心。他认为，"今人乍见孺子将入于井，皆有怵惕恻隐之心"。恻隐之心为"仁之端"，此外"羞恶之心，义之端也；辞让之心，礼之端也；是非之心，智之端也"。此即所谓"四端"之说，"四端"为人所固有，"人之有是四端也，犹其有四体也"。只有将"四端"发扬光大，人才会有良好的修养。"凡有四端于我者，知皆扩而充之矣，若火之始然，泉之始达。苟能充之，足以保四海；苟不充之，不足以事父母。"孟子以火苗、清泉为喻，说明扩充四端的重要性：努力扩充，足以平定天下，反之，不能孝养父母。

以性善论为基础，孟子将孔子的"德治"思想发展为"仁政"学说。在政治关系方面，孟子发展了古代的"民本"思想，提出"民为贵，社稷次之，君为轻"的观点。他反对霸道，主张王道，认为诸侯之宝有三，即"土地、人民、政事"。在经济关系方面，孟子主张"制民之产"，使百姓能安居乐业。

孟子主张仁政，对现实中的战争和横征暴敛异常愤怒。《孟子·离娄上》如此描述战争的残酷："争地以战，杀人盈野；争城以战，杀人盈城。"他主张以道德服人之心，对于武力扩张深恶痛绝，于是提出："此所谓率土地而食人肉，罪不容于死。故善战者服上刑，连诸侯者次之，辟草莱、任土地者次之。"善战者、好战者在当时受器重，孟子却主张他们应当接受最重的刑罚，联结诸侯和驱使百姓开荒种植的人都应该受到惩处。这种主张显然不会被当世接受，但却表达了孟子鲜明的反战立场，表达了他对和平与王道的期盼。

出于对混乱时局的痛恨，孟子明确提出，当身处国君昏庸残暴、荼毒生灵之世，世人可奋起反抗。他认为君臣关系是相互的，臣子无需愚忠，"君之视臣如手足，则臣视君如腹心；君之视臣如犬马，则臣视君如国人；君之视臣如土芥，则臣视君如寇雠"。

孟子所阐述的社会理想与孔子的富之、教之的思想具有本质的一致性。孟子认为，要实现社会理想，统治者必须"制民之产"，让他们上足以事父母，下足以畜妻子，这样，培养百姓的"恒心"就有了可靠的基础，进而再办好学校教育，大力传播、弘扬孝悌之义，"老者衣帛食肉，黎民不饥不寒"的社会理想才能得以实现。

《孟子·尽心上》开篇云："尽其心者，知其性也。知其性，则知天矣。存其心，养其性，所以事天也。夭寿不贰，修身以俟之，所以立命也。"在孟子看来，心、性、天具有内在的联系，要实现三者的统一，在认识层面要从尽心、知性开始，进而才能知天；在实践层面要从存心、养性开始，进而才能事天。需要指出的是，孟子这里所说的"心"，即四心：恻隐之心、羞恶之心、辞让之心、是非之心，而所谓的性，就是"善"。孟子是"性善"论者，仁、义、礼、智就是"性善"的具体表现。在孟子看来，天具有仁、义、礼、智的道德属性，人的仁、义、礼、智之善性就是由天赋予的。因此，一个人能尽心知性就能知天，存心养性就可事天，从而进入天人合一的境界。

（四）董仲舒及其思想

1. 董仲舒的生平

董仲舒，广川（今河北省景县广川大董故庄村）人。据清人苏舆推算，约生于汉文帝前元年（公元前179年），卒于汉武帝太初元年（公元前104年）。"少治《春秋》，孝景时为博士。下帷讲诵，弟子传以久次相授业，或莫见其面。盖三年不窥园。"董仲舒治学，精思专一，志无他顾。此人品格，亦很受称道："进退容止，非礼不行，学士皆师尊之。"董仲舒治国，主张"以《春秋》灾异之变推阴阳所以错行"，从而采取相应的措施。时有辽东高庙、长陵高园殿灾，仲舒以为这是上天对当政者的谴告，并由此推说当杀亲近权贵以自省。与仲舒并世的公孙弘亦治《春秋》，其学不如仲舒，却以曲阿迎逢之术，位至公卿。仲舒为人廉直，声望益高，弘嫉之，欲加害仲舒。武帝之兄胶西王刘端为人纵恣暴戾，曾数害大臣，弘乃荐"独董仲舒可使相胶西王"。幸刘端亦知仲舒为当世大儒，竟"善待之"。仲舒亦恐时久获罪，乃称病免归。居家始终不问产业，专以修学著书为事。朝廷或有大议，尝使就其家而问之，终老于家。

《春秋繁露》本传言："仲舒所著，皆明经术之意，及上疏条教，凡百二十三篇。而说《春秋》事得失，《闻举》《玉杯》《蕃露》《清明》《竹林》之属，复数十篇，十余万言，皆传于后世。"依此，则《春秋》诸说当在"百二十三篇"之外。《汉书·艺文志》载，《诸子略》儒家类有"《董仲舒》百二十三篇"，《六艺略》《春秋》类有"《公羊董仲舒治狱》十六篇"。至《隋书·经籍志》，始于《春秋》类著录"《春秋繁露》十七卷""《春秋决事》十卷"。今存者，仅《春秋繁露》十七卷、八十二篇。董仲舒的主要思想观点，均见于此书中。

2. 天人感应学说

天人感应学说，是一种以天为主宰的天人合一论。这既是董仲舒思想的核心，也是西汉今文经学的主导观点。

（五）荀子及其思想

1. 荀子的生平

荀子，名况，字卿，战国末年赵国人。公元前255年，他被楚相春申君任命为兰陵令，春申君死后免官，居兰陵著书授徒，其著作由后人辑为《荀子》32篇。

2. 荀子的思想

荀子反对孟子的"性善"论，认为"人之性恶，其善者伪也"。徐复观以为，荀子和孟子关于欲望的看法有一致之处。他以"生而有好利焉，顺是，故争夺生而辞让亡焉"为据，认为其中强调"顺是"的观点与孟子"物交物，则引之而已矣"之说实际没有多大出入。

关于荀子性恶论的内涵，多有令人困惑之处，历来学者多有探讨，并存在两种相反的论点：或者否定性恶论，或者揭示荀子人性论的两个维度。

其一，性恶论不仅不能成立，而且使荀子的思想失去根基，程颐、朱熹、牟宗三、劳思光都由此而批判荀子的思想。

其二，荀子的人性论实为"性朴"与"性恶"之相合。性朴，出自《荀子·礼论》的"性者，本始材朴也；伪者，文理隆盛也"，认为人性本身无善无恶。唐君毅在《中国哲学原论》中指出，人性在与礼义之善的对比中，显示出相对之恶。徐复观认为，荀子思维周密，然而其性恶论并非出于严密的论证，荀子一方面和老子一样，主张"性无定向"，另一方面从重礼法的角度强调人性向恶之趋向。认识荀子的人性论，应该从性朴、性恶相合的角度来看，这样更为全面和妥当。

从这样的人性论出发，荀子提出了"礼法"并重的政治思想。他主张"隆礼重法"，认为礼是法的根据和基础，法是礼的体现和确认。如果只讲礼义，不讲法度，只重教化，不重刑罚，便不能维持社会统治秩序。因而，他的思想不局限于个体的仁义孝悌，而是强调集体的礼法纲常，主张礼法并重。

荀子提出"天人相分""人定胜天"的理论。他认为，自然界有其运行的规律，"不为尧存，不为桀亡""天不为人之恶寒也辍冬，地不为人之恶辽远也辍广"。

二、道家思想

道家思想在中国传统文化中占有重要地位，发挥过重要作用。道家思想包含两个重要组成部分，一是以老子、庄子为代表的道家学派及其思想；二是尊崇老子的"道教"宗教思想，这两者既有联系又有根本性的差别，共同构成道家思想。

道家思想源远流长，道家作为诸子百家之一的学术流派，产生于春秋战国时期。在这一时期，中国社会生产力发展水平、政治制度以及阶级关系都在发生显著变化。诸侯争霸，群雄并起，阶级矛盾日益尖锐，思想斗争也无比激烈，正是在这种情况下，产生了道家学派。道家学派的创始人是老子，他也是后世道教尊奉的尊神。

（一）老子及其思想

1. 老子的生平

老子是道家学派的创始人在学术界早已达成共识，但老子究竟是什么样的人，《老子》一书成于何时，历来众说纷纭，莫衷一是。关于老子记载最多的是《史记》，《史记》关于老子就给出好几种说法，可见当时已无法考证老子的确切情况。今参照《史记》考证于其他文献，一般以为老子就是老聃。《礼记·曾子问》中有这样的话："昔者，吾从老聃助葬于巷党，及垣，日有食之。老聃曰：'丘，止柩，就道右，止哭以听变'"。《天地》《知北游》亦记载有孔子、老子的问答。此外，《吕氏春秋·当染》亦云："孔子学于老聃……"由此来看，老子就是老聃证据是充分的。

老子的著作《老子》又称《道德经》，上篇37章称"道篇"，集中阐述道的问题；下篇44章称"德篇"，围绕德的问题展开论述。老子的《道德经》言简意赅，以5 000多字阐发了宇宙的起源、世界的存在方式、事物的发展规律、社会的种种矛盾及其解决方法等。古往今来对《老子》一书仁者见仁，智者见智，各得其妙用。

2. 老子的思想

（1）道本体论

老子最重要的思想是把"道"作为最高范畴，用以观察和认识客观世界。

"道"这个词最早出现于周初的金文中，本意是"道路"。从西周到春秋的数百年间，"道"的意思不断扩展。最初用于表示人走的路，后来被引申为道理、方法、原则，后又进一步演变出天道、地道、人道等概念。老子所说的"道"，与以上的观点完全不同。在他看来，"道"表示宇宙的原始状态，它在天地形成之前已经存在，即所谓"有物混成，先天地生"；"道"还表示世界的本源，认为天地万物都从"道"产生出来，即所谓"道生一，一生二，二生三，三生万物"。这里的"一"，是阴阳未分之前，宇宙混沌一体；"二"指宇宙剖分为阴阳；"三"是阴、阳、和。所谓"三生万物"，即通过阴阳对立生成新的统一体。老子认为，阴阳未分的"一"，并不是事物的本原，它是由"道"产生的，"道"比"一"更根本。老子的这个观点，在理论上直接否定了殷周流传下来的天帝创世说，实现了天道观念上的重大变革。

老子认为"道"不仅是世界的本原，也是普遍法则。而且，他强调"人法地，地法天，天法道，道法自然"，认为宇宙万物都是自然而然地演进和发展的，是"无为自化"的，因此他说，"不欲以静，天下将自定""我无为而民自化，我好静而民自正，我无事而民自富，我无欲而民自朴"。老子还进一步指出，"道"为客观自然规律，同时又具有"独立不改，周行而不殆"的永恒意义。

（2）"无为而治"的政治观

按照"无为"的原则去实现天下的治理，便是"无为而治"。老子认为，"道"的"无为而无不为"既然是人类社会活动应遵循的基本法则，那么，统治者治理国家也应顺其自然，像"道"那样不将其主观意志强加于社会生活，要"无为而治"。他指出，统治者只要坚持"无为"的原则，就什么都可以治理好。

不过，老子所说的"无为而治"的思想并不是说世界上所有的人什么都不干就能够天下太平，它是指君主（统治者）无为，而不是一般人的无为。因为春秋战国时期，天下大乱，统治者大多数昏庸残暴，为所欲为。他们往往为了一己之私而无休止地搜刮民脂民膏，发动战争，给人民造成了深重的灾难。老子对此进行了反思，认为原因在于君主的"有为而治"，为此针锋相对地提出了"无为而治"的思想。也就是说，老子的"无为"仅仅限于君主，它要求臣民"有为"。从这个意义上讲，老子肯定了劳动人民的主观能动性。正是通过君主的"无为"，人民群众才能够充分发挥自己的创造力，由此达到自化、自正、自富、自朴的理想境界。

老子进一步指出，"无为而治"思想的必然归宿是"小国寡民"的理想社会。老子对"小国寡民"的描述是："小国寡民。使有什伯之器而不用，使民重死而不远徙。虽有舟舆，无所乘之；虽有甲兵，无所陈之。使民复结绳而用之。甘其食，美其服，安其居，乐其俗。邻国相望，鸡犬之声相闻，民至老死不相往来。"老子厌恶人世间的钩心斗角和尔虞我诈，鄙视仁义礼智纲常名教，幻想回到"小国寡民"的社会里，去享受关系单纯、情感质朴、生活自足的恬淡乐趣，这反映了他对现实的不满和消极抗议。但是，在战争频仍、血火纷争的动乱时代，以上思想只不过是幻想，是永远无法实现的。

（3）朴素辩证法

老子提出了事物运动变化的思想，"飘风不终朝，骤雨不终日""社稷无常奉，君臣无常位"。同时，老子从"道"出发，指出天地万物都是运动变化的，都是按照"道"所规定的法则来运行的。"有无相生，难易相成，长短相形，高下相倾，音声相和，前后相随""万物负阴而抱阳"等表明了"相反相成"的观念，类似于今天所说的对立统一的矛盾观。同时，老子对对立双方的相互依存的关系也有十分明确的认识，指出"正复为奇，善复为妖""祸兮福之所倚，福兮祸之所伏"。从这些辩证观点出发，老子建立了他的策略思想，即以弱胜强、以柔克刚、知雄守雌、知荣守辱等。

老子还深刻揭示了量变和质变相互转化的规律，他说"大生于小，多起于少""合抱之木，生于毫末；九层之台，起于累土；千里之行，始于足下"。这就告诉我们要从大处着眼，从小事做起，只有一步一个脚印地走下去，才能到达成功的彼岸。

（4）见素抱朴的人生观

老子从"道"出发，指出人应该按照自然的本性生活，任何物质文明和精神文明都是腐蚀人心、败坏风气的。他说："大道废，有仁义；智慧出，有大伪；六亲不和，有孝慈；国家昏乱，有忠臣。""故失道而后德，失德而后仁，失仁而后义，失义而后礼。夫礼者，忠信之薄，而乱之首。"

可见，老子把仁义、智慧、孝慈等伦常礼教和人的才智看作"道"的对立物，看作理想人生的绊脚石。为此，他主张"绝圣弃智，民利百倍；绝仁弃义，民复孝慈；绝巧弃利，盗贼无有"。

老子把天下的一切祸乱都归因于争，而人的贪欲则引起了争，所以他既强调寡欲，又力主不争。他要人们"见素抱朴，少私寡欲"，鄙视名利，淡泊其志，知足知止。他认为只有这样，才能按照人的自然本性正常地生活，人际关系才能协调，社会才能正常运转。

（二）庄子及其思想

1. 庄子的生平

《史记·老子韩非列传》曰："庄子者……其学无所不窥，然其要本归于老子之言……楚威王闻庄周贤，使使厚币迎之，许以为相……我宁游戏污渎之中自快，无为有国者所羁，终身不仕，以快吾志焉。"

通过这段史料记载，我们可以对庄子有大概了解。庄子是宋国蒙人，宋在汉代属梁，故蒙地大约在今天的河南商丘境内。庄子姓庄名周，字子休，世人皆称其为"庄子"或"庄周"，曾作为小吏就职于漆树园，但这并非他的主动选择，只是为了谋生而不得不做的退让。

关于庄子的生平事迹，史籍记载甚少。《史记·老子韩非列传》记述了有关庄子生平的一些片段，结合其他资料，大致情况如下。

（1）过着十分艰苦的生活

《外物》说："庄周家贫，故往贷粟于监河侯"。《列御寇》说："处穷闾陋巷，困窘织屦。"这说明庄子生活十分穷困，靠编织草鞋为生，有时还向别人借贷。《山本》说："庄子衣大布而补之，正廑系履而过魏王。"与国君相会，是一件庄重的事，庄子却穿着补过的粗布大衫，脚上系着草鞋，这也说明他很穷困。

（2）不愿做官

《列御寇》说："或聘于庄子，庄子应其使曰：'子见夫牺牛乎？衣以文绣，食以刍叔，及其牵而入于大庙，虽欲为孤犊，其可得乎！'"这表现出庄子无官自轻的思想。

（3）看淡生死

《列御寇》说："庄子将死，弟子欲厚葬之。庄子曰：'吾以天地为棺椁，以日月为连璧、星辰为珠玑、万物为赍送。吾葬具岂不备邪？'"《至乐》说：

"庄子妻死，惠子吊之，庄子则方箕踞鼓盆而歌。"惠施责备他不近人情。庄子说："不然。是其始死也，我独何能无概然！察其始而本无生，非徒无生也而本无形；非徒无形也而本无气。杂乎芒芴之间，变而有气，气变而有形，形变而有生，今又变而之死，是相与为春秋冬夏四时行也。"庄子把生与死看作是自然的变化，因而主张不用为死人悲伤。

2. 庄子的思想

（1）天道自然观

庄子继承了老子"道"的思想，同样认为"道"是宇宙的本原，是产生世界上所有事物的最后本体。同时，庄子对"道"做了进一步的发展。庄子认为"道"是精神本体，没有任何质的规定性，纯属想象出来的抽象玄奥的主观意识，它先天地万物而生，自满自足，周流不殆，永生长存。

庄子除了用"道"来说明万事万物产生的本原外，还将"道"当作存在于事物中的客观规律。他始终没有将"道"与具体的事物完全分开，而是将它们结合起来进行认识，认为"道"贯穿于事物的变化和发展当中，因而是一种自然的法则。作为自然法则的"道"，是不以人的意志存在的，人们只有遵循事物的发展规律，上合天道，下顺民心，才能够获得成功。在此基础上，庄子认为治理国家也应当效法和顺应自然，反对人为。

庄子认为，自伏羲以后，无为政治逐渐被有为政治所代替，自此社会风气就败坏了。后世之所以不如前世，其根源在于用赏罚、举贤、任智来维持社会秩序，从而使人们改变了淳朴的本性。在现实生活中，人们急功近利，才引起了子杀父、臣弑君等人伦悲剧，甚至是发生了白天抢劫这种事情。正是由于庄子反对有为政治，所以他特别强调要"逍遥乎无为之业"，这也反映了没落的奴隶主贵族对现实无可奈何的消极情绪。

（2）相对主义的认识论

庄子不仅对老子"道"的思想进行了继承与发展，而且将老子的朴素辩证法推向了极端，形成了中国文化史上最具典型意义的相对主义的认识论。

庄子发现在世俗世界中，无论是非、大小、贫富、穷达、美丑等观念，都是在特定时空下的相对差别，这些相对的差别只有相对的价值。他认为，善和恶、是和非的界限是无法辨明的。假如我和你意见有分歧，发生辩论，这在我们两个人之间是不能辨明谁是谁非的。那么，能不能找个第三者来做正确的判断呢？也不能。因为庄子认为，第三者的观点与争辩双方的观点多有相同或者不同的地方，很容易出现"党同伐异"的现象，他的观点根本就不足为凭。

（3）逍遥自适的人生观

庄子主张把个体的身心健康和精神自由置于国家之上，所以他既不赞成儒家的"杀身成仁""舍生取义"主张，也不同意墨家的"兼爱天下"的人生追求，而是十分尊重人的个性，强调个体的自由。这和庄子生活的时代有着密切的关系。庄子生活的时代是个战争不断、灾难遍地的乱世，残酷的阶级压迫将广大的人民群众逼到了死亡的边缘。个人在这样一个社会里面生活艰难，朝不保夕，根本就没有尊严、自由可谈。但这一切又不是一个人所能改变的，所以这是一个时代的悲剧。庄子痛切批判社会的同时，又以其广博的慈悲情怀为生命寻求解脱，寻求生命的尊严，寻求生命本来应该有的自由，于是他指引人们去寻求精神上的自由。尽管这种精神自由不能改变人们现实的痛苦，但它确实为个人带来了尊严和自由。

庄子除了提倡个体的自由外，还提出了一系列进入这种绝对自由精神境界的具体方法，如无为自然、除去成心、断绝欲望、"心斋""坐忘"等，其中最主要的是"心斋""坐忘"。"心斋"就是要心志纯明，消除杂念，即"虚者，心斋也"。"坐忘"就是摆脱形体和智能的束缚，与大道融通为一，即"堕肢体，黜聪明，离形去知，同于大通，此谓坐忘"。坚持"心斋""坐忘"，就能使人超然物外，体悟到绝对的"道"，从而与"道"合一，保持内在精神的自由与平和。

庄子在面对生死时，还提出了要以达观的心态坦然面对死亡，视生命为"道"的有机部分。在他看来，人生出于自然，死也出于自然，人应该顺应自然变化规律，以平常心对待生死。

（4）万物齐同的思想

万物齐同的思想就是要以"天道"的观念来看待宇宙的万事万物。由于"天道"是绝对中立、客观的，所以用"天道"的观念来看世界，万事万物就不会出现大小、好坏的差别。人从"天道"的角度来看，也不过是万事万物中的一类而已，没有什么特殊之处。庄子认为，人只是接受了万物齐同的思想还不够，还应该在心境和行为上进一步发展，达到"物化"的程度，只有这样才能真正做到万物齐同。

庄子还进一步指出，人与万事万物本来就是一个整体，互相之间是不可分割的，整个宇宙其实都是人的延伸，而且这其中并没有什么差异。人既是宇宙的组成部分，同时也与万物一样起源相同、归宿一致，所有的事物与人本身在根本的性质上是没有分别的，因此一切事物都可以作为人本质的一部分来看待。既然这样，那么整个宇宙空间、万事万物都可作为一个与人对话的对象出现，这就为人类实现精神自由提供了无限的可能。

三、法家思想

（一）法家学派的产生

1. 法家的兴起

春秋战国时期，是由奴隶制度向封建制度转变的时期，是由诸侯割据向统一的中央集权制封建国家过渡的时代。这个时代的基本特点是，割据的局面在逐渐被打破，统一的局面在逐渐形成，并且成为不可阻挡的历史趋势。在频繁的兼并战争中，各诸侯国为了求生存、谋取天下，都在探索富国强兵的道路，纷纷进行改革，大量招揽人才，给予优厚的待遇。各国对士阶层十分重视，他们拥有特殊的社会地位，因而使各种文化思想得以广泛传播，出现了"百家争鸣"的局面。从根本上说，当时各家学派的思想代表了社会各个阶级的政治利益，因此他们往往是"各引一端，崇其所善……其言虽殊，辟犹水火，相灭亦相生也"。法家即是其一。

"法家"名称最早出现于《孟子·告子下》："入则无法家拂士，出则无敌国外患者，国恒亡。"然而孟子所说的"法家"，仅指遵守法令的士大夫而已，直到汉代司马谈的《论六家要旨》中第一次为法家流派命名，"法家不别亲疏，不殊贵贱，一断于法，则亲亲尊尊之恩绝矣。"

法家代表新兴地主阶级的利益，主张法令应该"编著之图籍，设之于官府，而布之于百姓者也""君臣上下贵贱皆从法"。他们主张通过"变法"的手段，打破贵族对政治的垄断，以官僚政治代替贵族政治，将权力集中于封建君主的手中。在此基础上公布法令，统一制度，奖励耕战，富国强兵，实行一系列改革措施；并废除其他文化教育，统一全国上下的思想。由于法家学说可以直接为统治者的专制统治和兼并战争服务，因而战国时期法家最受各国统治者重视。伴随着社会的变革和封建制度的确立，法家思想最终形成。

2. 法家代表人物

（1）管仲和子产——法家的先驱

春秋时期，管仲和子产是推行法家政策的先驱。由于在奴隶社会，贵族统治者企图通过对法令的垄断威慑百姓，以维护他们的特殊权益，因而法律、政令并不公布，法令的制定也没有一定的程序，使百姓手足无措。管仲和子产代表新兴地主阶级的利益，实行"惠人"政策，因而破坏了礼制，引起了旧贵族势力的反对，但他们并没有与旧贵族直接冲突，这表明当时新旧社会势力的斗争还没有发展到激烈的对抗程度。

（2）李悝、吴起、商鞅、申不害、慎到在各国的变法

李悝在魏国变法革新，推行《法经》，以法治国，但旧制度和旧贵族势力并没有退出历史舞台。吴起在楚国变法，对旧贵族确实算得上"刻暴少恩"，因而引起旧贵族的强烈不满，最终被旧贵族杀害。商鞅重"法"，其最大的贡献是将《法经》传至秦国，付诸实践，进行两次变法，为秦国富强奠定了基础，但最终遭车裂而死。申不害重"术"，为韩相15年。他认为，君臣关系犹如富贵之家与盗贼的关系。臣总想窃夺君主的国家，君主必须使用种种机巧权术侦伺众臣的行径，而君主自己要"窜端匿疏，示天下无为"，不让别人看清自己的心思，才能保住君主的地位。慎到重"势"，即强调统治者的权势，认为只有权势才能说服臣民。他说："尧为匹夫，不能治三人；而桀为天子，能乱天下；吾以此知势位之足恃而贤智之不足慕也。"

（3）韩非——集前期法家之大成者

韩非，韩国人，出身于韩国贵族家庭。韩非为人口吃，不善言谈，年轻时曾与李斯同在荀况门下求学，但在接受荀况的儒家学说之后，却喜"黄老之学"。他目睹韩国日益衰弱，曾多次上书韩王，主张变法图强，可昏庸的韩王根本不理睬。于是，他便总结历史与现实，写成了《韩非子》一书。当时，秦王嬴政看到韩非子写的《孤愤》《五蠹》等文章大为赞赏，发出感叹："寡人得见此人与之游，死不恨矣。"于是秦攻韩求韩非。公元前233年韩非入秦，李斯自知才识不如韩非，遂进谗言。韩非入狱，并在狱中饮毒而死。

韩非在继承以往法家思想的基础上，总结了他们在政治实践中的经验教训，将"法、术、势"有机地联系起来，并进一步发展，形成了一套完整的法家思想体系，为秦建立统一的中央集权专制制度提供了理论武器。

韩非所说的"法"，是君主制定的成文法，是君主统治百姓的条规。"术"是手段，是君主驾驭臣民的权术。韩非认为，法和术缺一不可，有法无术，容易使臣民发展个人势力，从而削弱君主权利；有术无法，也不能维持统治秩序的稳定。法、术以外，还要有"势"。"势"是指君主至高无上的权势。韩非认为，君主有权势才能推行法、术。因此，法、术、势是缺一不可的"帝王之具"。他主张集一切权力于君主，君主凭势，用术，通过法来统治人民。

韩非法治思想的实质是维护君主专制统治。他提倡法治的重要目的，是要建立起"事在四方，要在中央；圣人执要，四方来效"的封建中央集权国家。韩非提出的以法治为主、法术结合的政治思想体系，标志着法家文化内涵与人格理想的成熟。从此，严刑峻法的法家以独立理想人格之追求，屹立在诸子百家之林。

在战国末期群雄割据、连年混战的历史条件下，韩非的法治思想和政治主张体现了鲜明的反对守旧、积极革新的精神，集中地代表了封建地主阶级的利益和要求，适应当时建立统一的封建中央集权制国家的政治需要，为即将到来的封建专制主义的皇权提供了理论依据，因而曾经在历史上发挥过积极的作用。尤其是将"法、势、术"有机地结合起来，并在公元前4世纪就达到这样的理论高度，这在世界历史上是绝无仅有的。中国封建社会能够稳定地延续2 000余年，与这样高度发达的统治术也是有一定关系的。

3. 法家思想的核心

法家是春秋战国时期一个重要的思想政治派别。其核心思想是巩固封建土地私有制，建立君主专制国家，并提出重农轻工商的观点，厉行严刑峻法。

（二）法家思想与传统文化

1. 法家思想与专制政治

战国时期的诸子百家，虽然都在探求各自的治国良策，但是完全着意于政治思想的，唯有法家，这一时期的法家代表人物，尽管各自理论的侧重点有所不同，但都主张以法服人，鼓吹强权政治，推行专制主义。法家所讲的法治，不是近代意义上的民主政治，恰恰相反，它是为君主独揽大权服务的，是专制主义的政治学说。

秦统一后，利用法家思想进行统治，以更强制的手段推行法家政策，使法家的专制政治统治达到了高峰。"六合之内，皇帝之土""人迹所至，无不臣者"，因而形成了皇帝一人独尊的地位。从三公九卿的设立到统一文字、度量衡等措施的实行以及焚书坑儒等，都是以加强皇权、巩固封建统治为目的的。自汉武帝独尊儒术以来，封建专制的统治思想是"外儒内法"，即形式上是儒家思想，而实际上是法家思想。在整个中国封建社会，虽然外在形式上以儒家为旗帜，神化君权，弘扬儒家的"仁政"和伦理纲常，而实质上又是以法家的绝对"君权"，特别是法、术、势的理论为内核，法家的专制思想起着巨大的作用。

2. 法家思想与"法治"

法家的法治思想是战国后期特定历史条件下的产物，韩非站在新兴地主阶级的立场上，极力主张"以法为教""治民无常，唯治为法"。这就是说，治国治民只能用法治的手段，人们的言行，除法以外不能有任何标准。韩非的法治思想是以彻底否定礼治、专讲法治为特色的，它限制了贵族特权，维护了新兴的封建制度，符合当时中国走向统一的历史趋势。

法家所讲的法治，是为君主独揽大权服务的，是专制主义的政治学说。在法家的心目中，"生法者，君也；守法者，臣也；法于法者，民也"，即立法权属于国君，臣民只有执法、尽法的义务，从而强化了国君的权力。韩非所说的"法审，则上尊而不侵。上尊而不侵，则主强而守要"便是证明。

3. 法家思想与社会改革思想

（1）富国强兵

以韩非为代表的法家的社会改革思想集中到一点就是富国强兵。韩非等实施的各项具体的政治、经济主张都以富国强兵为轴心，富国强兵不但是战国时期社会改革的主题，而且是整个封建时代社会改革的主题。因此，商鞅、韩非等法家代表人物以富国强兵为目标的社会改革思想不仅在春秋战国时期具有特殊意义，而且在整个封建时代都具有普遍性的意义。

（2）重本抑末

在法家的社会改革理论体系中形成了一个相当完整的"重本抑末"的模式，这个模式对封建社会的经济、政治和文化都具有重大影响。以韩非为代表的法家虽然给予工商业以一定的地位，但仍然坚持"富国以农"的原则，把农业放到第一位，对工商业则实行抑制政策。商鞅在秦国实行改革的重要内容之一就是重本抑末："僇力本业，耕织致粟帛多者复其身；事末利及怠而贫者，举以为收孥。"韩非说："夫明王治国之政，使其商工游食之民少而名卑，以寡趣本务而趋末作。"总的精神是要使社会上的绝大多数人"力作而食"，参加农业生产；要使工商之民人数少，地位低。对耕战之士给予奖励，对工商业者则从政治上和经济上给予打击。重本抑末是体现地主阶级利益的一项重要政策，倍受历代封建统治者的推崇。

为什么地主阶级要采取重本抑末的政策？根本原因就在于地主阶级赖以生存的经济基础和政治基础具有专制性。在整个封建社会中，主要矛盾是地主阶级同农民阶级之间的矛盾。地主阶级为了加强经济上的剥削和政治上的统治，总是千方百计把农民紧紧地束缚在土地上，这正是重本抑末的出发点。

4.法家的人生哲学与理想人格

法家的处世原则是遵守法令和法律，不靠他人袒护而生活，以自己的力量争得地位。法家推崇杀敌报国、立功受奖的英雄，倡导奋勇进取，以统一天下为己任。

法家继承和发展了荀子的性恶论，认为好利是人的本性，唯有物质利益是真实的，儒家所推崇的仁义道德全是虚伪有害的东西。因而法家重视实际，不尚空谈，倡导变革。在历史上曾涌现出许多进步思想家，他们汲取了法家文化的精华，为推动社会的发展起到了积极的作用。

第四节 优秀传统文化的基本精神

一、以人为本

以人为本的精神是一种以人为对象和中心的文化精神。以人为本，即把人类的生存和需求作为出发点，与其他事物相比，人更重要，更根本。以人为本是万事万物的开端，在人类的活动中要始终强调人的重要性，强调人的物质和精神需求的合理性。纵观中外文化发展的过程，与古希腊、古印度的文化相比，中华传统文化中的神本主义思想始终不占主导地位，而以人为本的精神成为中华优秀传统文化的基本精神。

孔子一直主张以人为本的思想，孔子首先肯定人是宇宙中最高贵的物种，我是人，唯有人有"我"的自觉。孔子的思想中特别提出一个"仁"字，奠定了人伦基础，故曰"仁者人也""仁者爱人""克己复礼为仁"。

孔子言："志士仁人，无求生以害仁，有杀身以成仁。""夫仁者，己欲立而立人，己欲达而达人。""己所不欲，勿施于人。"这里孔子将以人为本、自利利他作为基本的道德原则。孔子又强调："仁远乎哉？我欲仁，斯仁至矣！"

老子提出了"三生万物"思想，其本质含义就是"三才生万物"。"三才"指天、地、人。《易经》云："是以立天之道，曰阴与阳；立地之道，曰柔与刚；立人之道，曰仁与义。兼三才而两之，故《易》六画而成卦。"意思是构成天、地、人的都是两种相互对立的因素，天、地、人由这些互相依存又互相对立的因素和合而成，缺一不可。而卦是《周易》中象征自然现象和人事变化的一系列符号，天道之性为阴阳，地道之性为柔刚，人道之性为仁义。

此外，管仲提出"以人为本"。《淮南子·主术训》云："民者，国之本也。"贾谊在《新书·大政上》中提出"国以民为本"。李世民在《民可畏论》中云："水可载舟，亦可覆舟。"这些内容也都体现了中华优秀传统文化中以人为本的精神。

西方古典文化以神为上，体现的是神本主义文化，这种神本主义文化有着十分突出的宗教思想。当今学者普遍认为，人类精神以神话开始，以宗教发展为延续，而宗教的产生和发展对社会道德水平的提升和人类文明的发展产生了非常积极的作用，这正是宗教的基本功能。在封建时代，差不多所有的国家和民族都处于宗教的统治之下，宗教成为治理国家和促进百姓道德水平提升的有效依托。西方基督教认为"上帝是存在的，上帝就在我们身边，上帝是宇宙的创始者和主宰者"，上帝是人们的最高信仰，只有依靠上帝才能抵达彼岸，上帝是人们精神的最高寄托。在人们看来，人们的思想和行为离不开上帝，上帝是具有终极智慧的，人们行为的准则和生活的目标都来自万能的上帝的指导。为此，在中世纪的西方哲学史中，许多唯心主义者都把论证"上帝存在""灵魂不死"当作哲学的重要课题。

而中国的传统哲学逐渐脱离了神的主宰的思想，主要强调积极的入世主义。孔子采取远离鬼神的态度，认为人的首要任务是提高自身的修养，了解人生的道理，做好现实人生的事情；如果连现实人生的许多事情都做不好，鬼神也起不到什么作用。

不论是传入中国的宗教，还是在中国本土不断发展起来的宗教，都体现了以人为本的思想。中国道教有着独特的内容体系和思维方式，与世界上其他宗教有相似之处，但也有很大的不同。作为本土宗教，道教没有把人的灵魂与肉体截然分开，认为现实世界与彼岸世界是对立统一的结合体，不主张用一种外在的力量来拯救灵魂，而主张通过自己的努力修炼成仙、长生不老，把成仙看成现实生命的延续，承认人在现实生活中的重要性，肯定人的现实生活。

总之，中华优秀传统文化一贯注重现世的人生，重视人的主观能动作用，突出人的核心地位。

二、刚健自强

"刚健有为"作为中华优秀传统文化基本精神之一，是人们处理天人关系和各种人际关系的总原则,是中国人积极人生态度的最集中的理论概括和价值提炼。"自强不息"一词最早出现在距今约三千年以前的《易经》中。《易经》说:"天行健,君子以自强不息。"这是对自强不息精神的真实写照,君子以此为榜样,要自强不息,努力向上,以便能够与天协调一致。这是中华民族延续发展的思想基础。在这种精神的指引下,中华民族历来有艰苦奋斗、不怕任何困难、抗拒外来侵略、保持民族独立、保持个人人格独立的优良传统,这是中华传统文化主要的、积极的方面,由此而促进了中华传统文化的持续发展。

"天行健,君子以自强不息"讲的就是天道刚健,周而复始,永无止息,人们应效法道,自强不息。对此,孔子这样解释:君子"终日乾乾,与时偕行"。也就是提倡人应效法天道,像日月星辰那样奋斗不息、积极进取。自强不息、刚健有为是中华优秀传统文化思想的基本精神,也是炎黄子孙百折不挠、孜孜奋斗的坚实动力,是中华民族虽屡遭磨难却依然屹立于世界民族之林的重要原因。

自强不息精神包括艰苦奋斗、勤学苦读、励志自强等。孔子积极倡导并实践这种自强不息的精神,他在《论语》中曾经指出:"发愤忘食,乐以忘忧,不知老之将至云尔。"孟子说:"天将降大任于是人也,必先苦其心志,劳其筋骨,饿其体肤,空乏其身,行拂乱其所为,所以动心忍性,曾益其所不能。"荀子说:"锲而舍之,朽木不折;锲而不舍,金石可镂。"这种自强不息的精神在春秋战国以后得到了发展,成为民族精神的重要组成部分。无论是在国家强盛时期,还是在民族处于危难之际,这种自强不息的精神都曾激发过民族斗志。

自强不息、刚健有为作为中华优秀传统文化的基本精神,在两千余年来深入人心,被包括知识分子和一般民众在内的整个社会所接受而普遍化和社会化,激励中华民族不断奋斗、百折不挠、积极有为、不断前进。

一方面,这种精神使中国人形成了为理想而不惧艰难、执着奋斗、殉身不惜的独立的人格,所谓"舍身而取义""有杀身以成仁"。司马迁的《报任安书》中更有文为证:"盖文王拘而演《周易》;仲尼厄而作《春秋》;屈原放逐,乃赋《离骚》;左丘失明,厥有《国语》;孙子膑脚,《兵法》修列;不韦迁蜀,世传《吕览》;韩非囚秦,《说难》《孤愤》;《诗》三百篇,大底圣贤发愤之所为作也。"

另一方面,这种精神也演化成了中华民族鲜明而强烈的爱国主义激情、渴望为国家建功立业的奉献情怀和反抗侵略、捍卫主权、维护祖国统一的坚定气概。历史上许多爱国英雄以"人生自古谁无死,留取丹心照汗青"的凛然节气,自强奋斗、鞠躬尽瘁、死而后已，一直感动和激励着中华儿女。自强不息、刚健有为作为中华优秀传统文化的主导精神，激励着数以万计的志士仁人为坚持自己的理想和事业而奋斗终身。

中华优秀传统文化中所具有的这种自强不息、刚健有为的主流精神，一直是中华民族奋发向上、蓬勃发展的动力，它体现在民族发展和人民生活的各个方面。

就民族的进步和发展而言，在民族兴旺发达、昂扬向上的昌盛时期，人们把建功立业看作人生价值的最大实现。"匈奴未灭，何以家为""使寰区大定，海县清一""请君暂上凌烟阁，若个书生万户侯"，显示的是汉唐将士积极戍边的壮志豪情。而在民族危亡、外族入侵的时刻，自强不息、刚健有为的精神也总是激励着人民顽强不屈地进行反侵略、反压迫的斗争。中国历史上曾有过无数可歌可泣的民族英雄，如苏武、岳飞、文天祥、史可法等。

就个人人格的独立和道德品质的体现而言，自强不息、刚健有为或表现为大丈夫"富贵不能淫，贫贱不能移，威武不能屈"，匡扶正义，不与邪恶势力同流合污；或表现为在挫折面前发奋图强，坚定不移地追求自己的理想。"在齐太史简，在晋董狐笔。在秦张良椎，在汉苏武节。为严将军头，为嵇侍中血。为张睢阳齿，为颜常山舌。或为辽东帽，清操厉冰雪。或为出师表，鬼神泣壮烈。或为渡江楫，慷慨吞胡羯。或为击贼笏，逆竖头破裂……"中国历史上又有着多少万古长存的"正气歌"。

自强不息、刚健有为还有一个重要的体现，那就是积极否定、革故鼎新的改革精神。《易传》肯定"天地革而四时成，汤武革命，顺乎天而应乎人，革之时大矣哉"，《礼记·大学》则盛赞"苟日新，日日新，又日新"。每当中国历史上"积弊日久"时，总会有改革的或革命的运动，为清除积弊而变革变法。北宋时的王安石变法，清末的康梁维新变法，都是这种革新精神的体现。

三、天人合一

《道德经》中说："人法地，地法天，天法道，道法自然。""天"代表"道""真理""法则"，"天人合一"就是与先天本性相合，回归大道，归根复命。"天人合一"不仅仅是一种思想，更是一种状态。"天人合一"的思想最早由道家思想家庄子提出，经过丰富和发展，逐渐成为中华优秀传统文化的主体内容之一。宇宙自然是大天地，人则是一个小天地。人和自然在本质上是相通的，故一切人事均应顺乎自然规律，达到人与自然的和谐。

"天人合一说"是中华优秀传统文化的基本精神，也是中国哲学最重要的基本思想。这一观点大致上可以分为五类学说，即孔子的"天人一德说"、老子的"天人一体说"、孟子的"天人一性说"、董仲舒的"天人一类说"、"二程"和朱熹的"天人一道说"。这些学说既强调天是万物的起源，同时又强调人事的作用。从儒学多年的实践角度看，天人合一思想成了人们的行为准则，而且成为儒家学派解释历代制度的理论依据。

在中华优秀传统文化的发展史上，很多经典都对"天人合一"有过详细的阐述。比如，经学史上对于《周易·乾卦》卦辞"元、亨、利、贞"四个字的解释，就很好地体现了古人天人合一的思想。宋代理学家程颐指出："乾，天也……元亨利贞，谓之四德。元者，万物之始；亨者，万物之长；利者，万物之遂；贞者，万物之成。"他把"元亨利贞"解释为一年四季，很符合天道运行的特点。而《周易》的《文言》则说："元者，善之长也。亨者，嘉之会也。利者，义之和也。贞者，事之干也。君子体仁，足以长人；嘉会，足以合礼；利物，足以和义；贞固，足以干事。君子行此四者，故曰：乾：元亨利贞。"这样又把"元亨利贞"解释为君子四德。

儒释道三家对"天人合一"的思想观念在"天人关系""顺从自然"和"天人协调"三个方面都有着相同的解读方式：都肯定人是自然不可分割的一部分，都强调人要遵循自然的规律，都认为人的理想是天人的协调。

四、尊亲崇德

中国幅员辽阔，民族众多，尊亲崇德是维系国家内部各阶层成员和谐关系的主要精神纽带。它有效地把人们固定在家庭、宗族之中，并移孝于忠，家国一体。使宗法制度把中国政治权力统治与血亲道德制约紧密结合起来。

尊亲的具体要求就是讲孝悌，"百善孝为先"。孝是"善事父母"；悌指"敬爱兄长"，孝悌之心可以推而广之，由尽孝而尽忠，由敬兄而敬长。家庭血缘亲情的进一步放大，可以作为社会一般成员之间和睦相处的伦理准则。在中国封建社会，"孝"不仅是家的核心，同时，"孝"与"忠"紧密联系，高度统一。在维护宗法制度方面，"家"与"国"，"孝"与"忠"看似不同层次、不同概念的两对范畴，却绝对统一起来，绝对一致。因为"家"是"国"的基础，"国"是"家"的延伸。所以，不但要孝敬父母，还要忠于君主。

崇德就是"三不朽"，即立德、立功、立言。《左传》言："太上有立德，其次有立功，其次有立言。虽久不废，此之谓不朽。"在中国传统文化中，"德"

的内涵十分丰富，如仁义礼智信，温良恭俭让；礼义廉耻，忠孝节义；等等。孟子云："富贵不能淫，贫贱不能移，威武不能屈。"道德升华和人格完善必须通过"正心"和"修身"来实现。孔子弟子曾参所作的《大学》云："欲治其国者，先齐其家；欲齐其家者，先修其身；欲修其身者，先正其心。"只有做到这些，才能做到"三不朽"。在"三不朽"中，以"立德"最难能可贵，它是成就中国人高尚人格的根本所在。要建功立业，就必须提高道德修养。

五、礼治精神

中华优秀传统文化始终体现着一种礼治精神。礼是中华民族一种独特的文化现象，也是中国社会不断发展的政治、经济、文化世代相承的存在状态。作为一种社会理想的礼治精神，其实质是强调人与人之间的和谐的关系、社会与人之间的良好的秩序。这种社会与人的有序或无序、和谐与不和谐，在儒家看来，就应是遵从一定的次序，表现为群臣有序、父子有序等。礼治精神作为传统文化的重要内容以及人与人之间关系的关键因素，吸引着很多学者去研究探讨。

礼治思想是儒家的主要学说之一。孔子主张"仁"，而"仁"与"礼"是一体的，孔子说："人而不仁，如礼何？"孟子把礼治的思想进行了补充和发展，把仁、义、礼、智作为人们最基本的道德规范。荀子更重视礼的重要性，著书详细论述了礼的发展、起源、内涵、地位和作用，强调人无礼不生，事无礼不成，国无礼不宁。

孔子认为，讲究"礼"是治理国家的需要，是国家兴旺和发达的需要。孔子说："为国以礼。"孔子认为用"礼"才能更好地治理国家，否则，礼仪就会失去应有的作用。孔子又说："礼，经国家、定社稷、序民人、利后嗣者也。"孔子又论述："'君君、臣臣、父父、子子。'公曰：'善哉！信如君不君、臣不臣、父不父、子不子，虽有粟，吾得而食诸？'"在这些论述里，孔子认为"君要合于君道、臣要合于臣道、父要合于父道、子要合于子道"，这是天之道、地之道和人之道，孔子的这些思想都是从不同的侧面阐述君臣之礼、父子之礼对于维系社会、维系纲常、维系家庭的重要作用。

一个礼仪之邦，不仅国家的发展需要礼，社会的安宁需要礼，国家官员需要礼，同时也要求每个公民知礼守礼，礼是立身之本。孔子认为："不知礼，无以立也。""君子博学于文，约之以礼，亦可以弗畔矣夫！"孔子还特别重视礼在个人修养方面的作用，所以，孔子要求其弟子做到"非礼勿视，非礼勿听，非礼勿言，非礼勿动"。孔子不仅用礼教思想教育他的学生，而且也以礼严格约束自己，在日常生活中，他处处循礼而行，以礼来规范自己的行为，所以才真正达到"七十而从心所欲，不逾矩"的境界。孔子认为，一个品德高尚的人必须具备德才兼备的思想素质，一个品德高尚的人不仅要博览群书，而且要非常明礼，以礼仪约束自己，提高自己的修养，只有这样才能坚守正道。

礼治作为人们行为的基本目标和规范，在促进社会的和谐发展、稳定人与人之间的关系方面发挥着重大的作用。礼治精神规范了人们的思想和行为，不仅促进了社会的稳定，而且也丰富了中华民族灿烂的文化。

第五节 优秀传统文化的主要内容

一、精神层面文化

精神层面文化代表着人类认识世界的精神成果。中华民族在漫长的社会历史实践中，经过不懈的探索和长期的积累，收获了丰硕成果，为中华民族的发展壮大提供了丰厚的精神滋养。

（一）民族精神

民族精神是一个民族在长期生存发展过程中积淀形成的精神品质，是一个民族维护团结统一、应对风险挑战的精神支柱。"在五千多年的发展中，中华民族形成了以爱国主义为核心的团结统一、爱好和平、勤劳勇敢、自强不息的伟大民族精神。"爱国主义是中华民族精神的核心，深深植根于民族心理之中，成为中华优秀传统文化的精神基因，至今强烈感染和影响着中华儿女。团结统一精神是中华民族始终能够保持完整统一、不断发展壮大的坚强精神纽带，中国历史上虽时有分裂，但民族团结和国家统一始终是中华民族历史的主流，反对分裂、维护统一的意识根深蒂固。爱好和平是中华民族在处理国与国、民族与民族关系时所表现出的一种高贵精神追求。勤劳勇敢是中华民族的重要精神品质，"业精于勤""天道酬勤"表现了中华民族勤劳的一面，"见义勇为""英勇不屈"则表现了中华民族勇敢的一面。自强不息是中华民族不断发展壮大的精神动力，中华民族生生不息、发展壮大的历史，就是一部自强不息、开拓创新的辉煌史。伟大的中华民族精神，是中华优秀传统文化的重要组成部分。

（二）治国理念

中国古代治国理政思想可谓博大精深，特别是在先秦诸子百家的作品中，"治国之道"成为最鲜明的主题。儒家提倡"仁""义""礼"，提出"民为贵，社稷次之，君为轻"的民本思想，主张统治者实行"仁政""王道"，建立"选贤与能，讲信修睦""谋闭而不兴，盗窃乱贼而不作"的大同社会。墨家提出"兴天下之利，除天下之害"，提倡"尚同""尚贤""兼爱""非攻""节用""非乐"的治国理念。道家提出"治大国如烹小鲜"，倡导"无为而治""小国寡民"的治国理念。法家强调"奉法者强，则国强；奉法者弱，则国弱"，提出"法""术""势"的治国理念。

（三）传统美德

中华民族是一个非常崇尚道德的民族，中国古人很早就提出和形成了内容丰富、体系完备的道德规范。以儒家为例，《论语》就提出了仁、礼、孝、悌、忠、恕、恭、宽、信、敏、惠、温、良、俭、让、诚、敬、慈、刚、毅、直、克己、中庸等一系列德目。汉代以后又形成了影响深远的"三纲"（君为臣纲、父为子纲、夫为妻纲）和"五常"（仁、义、礼、智、信）。

客观地说，在这些道德规范中，不乏封建毒素和糟粕，但主流是中华民族的传统美德。中华传统美德内涵丰富，"亲亲而仁民，仁民而爱物"的仁爱精神，"富贵不能淫，贫贱不能移，威武不能屈"的高贵人格，"天下兴亡，匹夫有责"的爱国情怀，"君子坦荡荡"的个人修养，"己所不欲，勿施于人"的处事原则，都是中华传统美德的生动写照。

有学者将中华传统美德概括为十项：仁爱孝悌、谦和好礼、诚信知报、精忠爱国、克己奉公、修己慎独、见利思义、勤俭廉正、笃实宽厚、勇毅力行。中华传统美德涵盖了个人为人处世、安身立业的道德准则，是中华民族赖以生存和发展的重要道德保障。

（四）思维方式

1. 重整体

庄子说："泛爱万物，天地一体也。"明代王守仁说："天地万物为一体。"清代陈澹然也说："不谋万世者，不足谋一时；不谋全局者，不足谋一域。"中国古人注重从整体上观察事物，认为小到个人、大到天地万物都是有机联系的整体。

2. 讲辩证

中国古人认为万事万物都体现着对立统一，只有辩证把握这些对立统一，不走极端，才能保持平衡、达到和谐。老子主张："有无相生，难易相成，长短相形，高下相倾，音声相和，前后相随。"孔子主张："欲速则不达""过犹不及"。《左传》也提出："宽以济猛，猛以济宽，政是以和。"这些都体现了辩证的思维方式。

3. 尚体悟

孔子说："不愤不启，不悱不发，举一隅不以三隅反，则不复也。"庄子说："蹄者所以在兔，得兔而忘蹄。言者所以在意，得意而忘言。"禅宗也强调"悟"，六祖慧能就认为："若识自性，一悟即至佛地。"理学大师朱熹说："至于用力之久，而一旦豁然贯通焉，则众物之表里精粗无不到，而吾心之全体大用无不明矣。此谓物格，此谓知之至也。"从这些论述中都可看出中国古人对体悟的崇尚。

二、物质层面文化

（一）传统饮食

民以食为天，中华民族从用火烹制食物开始，就逐渐形成了丰富多彩的饮食文化。据学术界研究，中国古代的饮食文化产生于夏商，形成于周代。《礼记·内则》就记载了周代食物制作的多种方法，包括煎、熬、炸、炖、炙、熏烤等多种形式，显示了当时的饮食文化已经达到了较高水平。传统饮食文化的特点如下。

1. 风味多样

中国地域辽阔，人口众多，不同地区的饮食风格差异较大，如南方人喜欢吃大米，北方人喜欢吃面粉。地理环境、气候、温度的差异也会对人们的口味产生直接影响，如冬天的主要烹饪方式是炖、焖、蒸、煮，追求滋味醇香；夏天则追求清淡，主要烹饪方式是凉拌和拼盘。在口味上还会有"南甜、北咸、东酸、西辣"之分，主要有巴蜀、齐鲁、淮扬、粤闽四大风味。

2. 讲究美感

中国人对菜肴美感的要求是多方面的，即使是红萝卜或白菜心也可以雕出各种造型，如雕刻成寿桃形状可以在寿宴上展示，以达到色、香、味、形、美的和谐统一。

3. 食医结合

我国的烹饪技术与医疗保健有着密切的联系，在几千年前有"药膳同功"和"医食同源"的说法，可以将具有药用价值的食物原料做成各种菜品，以达到防治某些疾病的目的。

4. 独特的命名方式

可以根据主料、辅料、调料及烹调方法对菜品进行命名，也可以根据历史典故、神话传说、名人食趣、菜肴形象对菜品进行命名，如"龙凤呈祥""全家福""将军过桥""东坡肉""叫花鸡""狮子头""鸿门宴"。

5. 注重与传统文化相结合

传统饮食中的"酒文化"是在日常生活中经常用到的。在出席各种场合时，应该讲究座次和宴饮方面的礼仪习惯，如座席的方向、餐具的摆放、菜品的象征意义、上菜的次序。在饮茶时，应该讲究"茶文化"的礼仪习惯。在学习节日文化时，应了解传统节日的饮食习惯，特别是我国的主要传统节日，如春节、端午节、中秋节等。

6. 对饮食文化的崇高追求

中国的烹饪技术在世界范围内都是极其考究的，特别是对刀工的应用，中国菜的制作对于刀工和火候的要求极为苛刻。很多菜讲究细如发丝，指的就是对刀工的严格要求。菜品讲究火候分毫不差，把握不好火候会直接影响菜品的口感。

（二）历史文物

中华民族历史悠久，遗留下来的历史文物众多，它们是我们祖先辛勤劳动和聪明才智的结晶，是历史的见证、文化的范本，具有重要的历史、艺术和科学价值。我国古代流传下来的文物数量巨大、种类繁多，通常被分为两类。一类是不可移动文物，如古遗址、古建筑、古墓葬、石窟寺等，这其中的一些重要古迹，已经被联合国教科文组织确定为世界文化遗产。另一类是可移动文物，如历代的石器、玉器、陶器、瓷器、金属器、石刻、玺印、书画、文献、拓片、笔墨纸砚等，这一类文物的数量更为巨大，诸如曾侯乙编钟、四羊方尊、马踏飞燕、越王勾践剑、富春山居图、清明上河图等，堪称"国宝"。

（三）传统服饰

服饰是最直观地反映民族特征的文化形式。孔子说："微管仲，吾其被发左衽矣。"孔子把民族服饰的不同视为民族文化的不同，进而视为民族的不同。传统服饰文化特点如下。

1. 款式特点

长衣宽袖是中国传统服装的外形特点，主要款式有袍服、长衫等。其样式宽松，任由面料披挂在身上，用长长的腰带自然束紧腰身，形成自然的褶皱，整体表现出飘逸的直线感。不管是袍服还是长衫，都是由裁剪很少的整体面料做成的。出于面料裁剪少，款式简单，为了使衣服具有别样的特色，人们常用一些绣花、收边、饰物等进行装饰。这就是含蓄内敛的中国古代传统的社会人文理念的表现。而现代中国人的传统服饰以中式和西式两种风格为主。中式服装、西式服装历经数千年的演变发展，形成了各具特色的风格和体系，在款式、外形、工艺、色彩、纹饰、文化方面都别具一格，有其鲜明的民族性和地域性。

（1）样式

中国传统的服饰主要有大襟和对襟两种前开襟的样式。早在黄帝时期就已经形成了较为完整的前开襟服饰风格。由此，上衣下裳和衣裳连属成了当时服饰的基本形制。这两种形制在几千年的封建社会历史潮流中相互融合，逐渐形成了较为明显的区别。女子着装一般多偏向上衣下裳，男子则多喜欢衣裳连属式的穿着。

（2）外形特征

中国传统的服饰多采用纵向的装饰手法，多以竖向的线条来修饰。从衣领往下一般让面料自然下垂，肩部自然贴合身体，没有多余的夸张修饰。多见过手的长筒宽袖、及脚的长袍裙，这样能使人体显得修长挺拔，特别是使四肢拉长。也许是黄种人普遍身高没有白种人和黑人那么高，亚洲很多国家的服装都有这种竖向拉长的特点。

（3）结构特征

从服装的结构特征来看，中式服装善用简单的平面裁剪方法，一件服装通常只有必要的结构线，衣服的身和袖是一体的。而西方服装多采用立体的裁剪，这样就有很多区分明显的结构线，这样的服装比较贴合人体的外形，穿着也更舒适。

2. 色彩特点

传统服饰一般以艳丽的色彩为美，与每个朝代的风俗信仰有关，红、黄两色常被皇家用来显示庄重大气之风。官员服饰多用黑色、蓝色，代表清正严明的法治。书生多着白色长衫，飘逸洒脱，而老百姓多穿灰布麻衣，朴实自然。女性服饰多彩色衫裙，显得更为清秀贤淑。

在多彩绚丽的传统服饰中，其配色一般运用多种色彩对比，并使之和谐搭配，获得既色彩鲜明又和谐自然的美感。为了和谐搭配，不固定的比例用色成为最佳方法。通过多种色彩以不同面积、不同形状、不同尺寸、不同部位的聚散组合，让多种色彩在整体服饰上获得主次分明，协调统一的效果。

上古时期，我们的祖先认为黑色代表着支配万物的至高权力。因此，早期的封建社会天子的冕服和冠顶是黑色的。随后，封建专制集权越来越盛行，分封土地制度使得人们对大地形成了尊贵的崇拜，代表大地的黄色便成为尊贵的象征。帝王选用黄色代表至高无上的地位。

我国传统社会盛行五行学说，五行有五色，青、红、黑、白、黄分别代表五行，这些颜色被人们认为是正色，上流社会专用正色，以显示他们的高贵。虽然民间服饰大多比较艳丽，但这些正色同样被普通百姓所喜爱。

3. 面料风格

在古代，人们使用多种服装面料，被西方称为"中国草"的苎麻以及大麻、葛藤等都被用来制作布料。而我国最盛名于世的服装面料就是丝绸，其是我国古代劳动人民勤劳智慧的结晶，为世界服装纺织品发展做出了伟大的贡献。到元朝明代，我国从印度引进棉花并广泛流传开来，因此人们才开始普遍穿着棉布服装。

麻纤维有很强的韧性，非常耐磨，因为麻本就是水生植物，其纤维有很好的防水能力，不容易腐烂，并且耐高温，散热效果好。作为天然的植物纤维，麻纤维的面料有天然的保护肌肤、调节体表温度的作用。

丝绸是以蚕丝为原料纺织的面料。丝绸面料非常轻薄、柔软贴身、透气爽滑、色彩艳丽，而且蚕丝当中富含蛋白，对肌肤有很好的滋养功效，所以尤其适合用来制作女式服装。至今丝绸依然是世界服装市场中的高贵面料。

棉面料的特点是穿着舒适、柔软、吸汗、极易皱、易变形、易染色或者变色。棉纺织面料穿着舒适，方便清洗，而且生产成本较低，在传统面料中被普通大众所喜爱。

三、制度层面文化

（一）政治制度

政治制度是特定社会统治阶级通过组织政权以实现其政治统治的原则和方式。中国古代在国家管理体制、政府机构设置、政策实行等方面探索形成了一些具有民族特色的政治制度，涉及行政、司法、监察、选官、教育、财政等国家治理的各个方面。比如，中国古代的选官制度，秦朝以前主要采用"世卿世禄"制度，后来逐步引入军功爵制；汉代采用察举制与征辟制，在选拔官吏的科学性、合理性上有所进步；魏晋南北朝实行九品中正制，一度造成"上品无寒门，下品无势族"的现象，严重阻碍了人才的科学选拔；隋唐开始实行科举制度，通过考试选拔官吏；科举制度在明清时期走入歧途，产生很多弊端而备受诟病，但它相较以前的选官制度更加公平公正，打破了阶级壁垒，为国家选拔了大量品学兼优的人才，促进了社会进步。再比如，监察制度，据《周礼》记载，中国早在周代便设有治贪促廉的监察官，秦汉以来历朝历代都设有相应的监察机构，形成了较为完备的监察制度，在一定程度上减少了贪腐行为，促进了政治清明。科举制度和监察制度等传统政治制度，虽然是阶级社会实行政治统治的工具，但它们的产生和实行在一定程度上促进了社会发展，即使对于今天的制度建设依然具有积极的借鉴意义。

（二）社会礼仪

中国素有"文明古国""礼仪之邦"的美誉。孔子说："不学礼，无以立。"《左传》上说："夫礼，天之经也，地之义也，民之行也。"《资治通鉴》上说："夫礼，辨贵贱，序亲疏，裁群物，制庶事。非名不著，非器不形。名以命之，器以别之，然后上下粲然有伦，此礼之大经也。"可见中国古人对"礼仪"的重视程度。中国上古时期有"礼仪三百，威仪三千"，周代"礼仪"更加受到重视，形成了内容丰富的礼仪文化，成为人们家庭生活、社会交往乃至政治活动中言行举止的准则规范，发挥着极为重要的作用。

儒家经典《仪礼》《礼记》《周礼》，称为"三礼"，三者记录保存了许多周代的礼仪，是中国古代礼仪制度的蓝本和百科全书，对后世影响极大。在具体礼仪方面，中国古代有"五礼"之说，以祭祀之事为吉礼、丧葬之事为凶礼、军旅之事为军礼、宾客之事为宾礼、冠婚之事为嘉礼，基本规范了社会活动的方方面面，成为中国古代礼仪的基本架构。

在中国古代，礼仪是从西周封建宗法制度中演化出来的，是维护尊卑等级制度的一种工具。到了近代，它的社会危害性日益明显，成为新文化运动猛烈批判的对象，传统礼仪也逐渐被现代礼仪所取代。但传统礼仪表现了中国古代社会礼贤下士、尊老爱幼、谦逊文雅的社会风尚，体现出的人际和睦、社会和谐的价值追求，依然具有当代价值。

（三）民俗节日

民俗节日是民族文化的重要组成部分，是民族的一种生存生活方式，也是一个民族的重要文化标识。中国历史悠久、民族众多、疆域辽阔，既形成了中华民族共有的民俗节日，也形成了具有少数民族特色的民俗节日；既形成了全国性的民俗节日，也形成地方性的民俗节日。它们共同构成了我国千姿百态、丰富多彩的民俗节日文化。我国在长期的历史发展中，形成了以春节、元宵、清明、端午、七夕、中秋、重阳等为代表的传统节日，每个节日都代表了各具特色的传统风俗。描写春节的诗歌《元日》写道："爆竹声中一岁除，春风送暖入屠苏。千门万户曈曈日，总把新桃换旧符。"描写重阳节的诗歌《九月九日忆山东兄弟》写道："独在异乡为异客，每逢佳节倍思亲。遥知兄弟登高处，遍插茱萸少一人。"这些著名诗歌生动、形象地反映了中国传统节日的独特风俗和独特魅力。

第二章　优秀传统文化的当代价值及传统教学思想对现代教育的启示

优秀传统文化是国家软实力的重要体现，是实现中华民族伟大复兴中国梦的重要精神支撑。传承优秀传统文化，需要对这种文化的历史地位和当代价值进行深入分析，并凭借一定的物质载体对优秀传统文化进行传承。本章分为优秀传统文化的当代价值、传统教学思想对现代教育的启示两部分。

第一节　优秀传统文化的当代价值

一、凝聚整合价值

（一）强化民族认同

民族认同感，是民族成员对自己民族产生的认可和赞同的情感。这一情感既包括对自己民族身份的认可，即对"我属于这个民族"的认可；也包括对自己民族身份的赞同，即对"这个民族很伟大"的赞同。"认可"与"赞同"的情感相互强化，共同形成民族认同感，成为民族产生凝聚力的情感基础。这个基础牢固，民族凝聚力就强；反之，民族凝聚力就弱。能够强化民族认同感的因素很多，民族的传统文化无疑是最重要的因素之一。

历史上，中华优秀传统文化是强化中华民族身份认同的最重要因素。我国著名教育家冯友兰认为："在传统上，中国人与外人即'夷狄'的区别，其意义着重在文化上，不在种族上。""中华"有居天下之中、集天下之美的意思，"中华"和"夷狄"的区别在于文化，"中华民族"含有文化繁荣、文明昌盛之意。《史记》上说："中国者，盖聪明徇智之所居也，万物财用之所聚也，贤圣之所教也，仁义之所施也，诗书礼乐之所用也，异敏技能之所试也，远方之所观赴也，蛮夷之所义行也。"这段话很好地说明了，中华民族把优秀文化视为民族身份的标志，视为民族自豪的依据。在漫长的历史中，中华优秀传统文化成为中华儿女不断增强身份认同、增强理想信念的精神因素，从苏武北海牧羊而不降匈奴、岳飞精忠报国而抗击金军、文天祥视死如归而不降元军等英雄事迹中都可以看出这种强烈的民族身份认同所产生的强大精神力量。近代以来，面对西方列强的侵略和欺凌，在中华优秀传统文化的滋养下，中国大地各民族凝聚成强大的中华民族，最终实现了民族的独立和振兴。

在经济全球化的浪潮中，我国要实现中华民族伟大复兴的宏伟目标，更应该强化全体中华儿女的民族身份认同，从而夯实民族凝聚力的情感基础。中华优秀传统文化是包括56个民族在内的中华民族共同创造的文化成果，是中华民族共同的文化标识，是包括海外华人华侨在内的所有中华儿女的共同精神家园。中国孔子、孟子、老子、庄子等的哲学思想，春节、清明、端午、中秋等传统节日，汉服、唐装、旗袍等传统服饰，长城、故宫、兵马俑等历史古迹，屈原、岳飞、文天祥等忠臣良将，李白、杜甫、苏轼等诗人，《红楼梦》《三国演义》《水浒传》《西游记》等古典小说，这些都是中华民族的文化标识，都是产生和强化身份认同的文化符号。传承和弘扬中华优秀传统文化，就是对我们民族文化标识的反复强调和不断确认，就是对中华儿女民族身份的反复强调和不断确认，可以极大地增强中华儿女的民族认同感。

（二）整合思想认识

改革开放以来，在解放思想的大背景下，中国社会思想活跃、思潮涌动，出现了思想思潮多元化的趋势，社会各个阶层，甚至每个人由于利益诉求的不同，在国家治理、社会建设、利益分配等诸多方面存在着思想认识上的分歧。

中华优秀传统文化是中华民族共有的精神家园，在这个精神家园里，我们的社会理想、发展理念、价值观念、思维方式、审美品位、心理习惯等有着很大的相似性和一致性，这恰恰可以成为我们整合思想认识的重要基础。例如，在社会理想方面，世界上很多民族都提出过自己的"理想国"，社会上每个人也都有自己的理想社会。为了提出科学而美好的社会理想，凝聚最广大人民的思想共识，改革开放之初，邓小平从中华优秀传统文化中提炼出"小康"这一概念，把"小康社会"作为全党全国各族人民共同奋斗的目标。"小康"是中华民族古已有之、中华儿女非常熟悉的概念。《诗经》上说："民亦劳止，汔可小康。"《礼记》

上也提出了"小康"的概念，与"大同"相对应。中国特色社会主义理论中的"小康"自然与中国历史上的"小康"含义不同，但事实证明，这一富有传统色彩的概念，有效地整合了人们在社会理想上的不同认识，引起了人民群众强烈的思想共鸣。

党的十八大以来，我们在全面建成小康社会目标即将实现的时候，又提出了"中华民族伟大复兴的中国梦"这一概念。习近平指出："中国梦是一种形象的表达，是一个最大公约数，是一种为群众易于接受的表述。"因此一经提出就引起广泛共鸣，起到了整合思想认识、凝聚思想共识的巨大作用。目前，"中华民族伟大复兴的中国梦"的概念已经深入人心，成为中华儿女广泛认同的奋斗目标。

中华优秀传统文化具有整合思想认识的价值，但不是说要用它取消或取代其他思想认识。而是它博大精深的思想内容，包容创新的优秀品质，能够引起广泛的思想共鸣，整合思想共识，汇聚智慧力量，从而减少发展的思想阻力，增强发展的精神动力。

（三）维护团结统一

维护民族团结统一，不仅是实现中华民族伟大复兴的应有之义，同时也是实现这一伟大梦想的必要条件。实现中华民族的伟大复兴必须凝聚中国力量，这个力量就是全国各族人民大团结的力量。我国是一个人口大国，只要保持团结统一、万众一心，再强的敌人也能战胜，再大的困难也能克服，再伟大的梦想也能实现。维护中华民族的团结统一，可以充分发挥中华优秀传统文化这个天然的文化纽带的作用。

二、审美娱乐价值

（一）丰富精神生活

人类的生活包括物质生活和精神生活，人类的需要也包括物质需要和精神需要。人要满足衣食住行等生理需要，必须创造物质财富。同样，人要满足精神需要，也必须创造精神财富。文学艺术可能是人类最早产生、最为重要的精神财富种类之一，它通过特有的美感满足人类的精神需要，丰富人类的精神生活。

1. 娱乐

艺术最直接的功能就是娱乐功能，任何艺术（包括严肃的艺术）都可以使人获得精神的愉悦。艺术之所以具有娱乐功能，是因为艺术的产生与游戏有着密切关系。美学家朱光潜认为："艺术的雏形就是游戏。"艺术发源于游戏，人们创造艺术的最初目的就是获得愉悦。中国传统的文学、音乐、舞蹈等作品，具有很强的娱乐成分。《论语》记载："子在齐闻《韶》，三月不知肉味，曰：'不图为乐之至于斯也。'"音乐给孔子带来了极大的精神愉悦。据记载，宋代文人苏舜钦每次阅读《汉书》就非常愉悦，留下了"《汉书》下酒"的美谈，这里也可以看出中国历史著作中蕴藏了无穷趣味。中国传统的文艺作品，如唐诗宋词元曲等诗歌、四大名著等小说、《史记》《汉书》等历史著作、《庄子》《孟子》等哲学著作，对于今天依然具有很强的娱乐价值。

2. 补偿

人类的生活经常受到各种局限，如时间局限、空间局限、情感局限、地位局限等。因为这些局限，人的生活是不完美、有缺憾的。这种缺憾可以通过文艺得到一定程度的补偿。中国传统文学艺术能够丰富人的精神生活，其中一个重要表现就是它可以在一定程度上补偿人的这些缺憾。

3. 纾解

文艺除了使人获得愉悦、补偿人的缺憾之外，还可以纾解人的情绪。人类在生活中会遇到各种各样的困难，会积累诸如阴郁、苦闷、焦虑等情绪，这些情绪可以在欣赏文艺作品过程中得到纾解。唐代诗人白居易在《琵琶行》中写道："凄凄不似向前声，满座重闻皆掩泣。座中泣下谁最多？江州司马青衫湿。"诗人的郁闷情绪，在欣赏琵琶曲的过程中，乃至泪湿青衫之后，得到了一定程度的纾解。宋代欧阳修在《送杨寘序》中记载："予尝有幽忧之疾，退而闲居，不能治也。既而学琴于友人孙道滋，受宫声数引，久而乐之，不知其疾之在体也。"这也是通过欣赏文艺作品而纾解"幽忧之疾"的例证。中国传统文艺作品内容丰富，很多都可以作为纾解郁闷情绪的精神良药。

（二）提升精神品格

1. 净化心灵

艺术具有净化心灵的功能。亚里士多德认为，"悲剧的功能是使观众的怜悯和恐惧等情感得到疏泄"。"疏泄"又译为"净化"，因此悲剧的这种功能被称为"净化"功能。艺术的作用犹如以水洗物，可以通过审美活动洗涤心灵上的狭隘、自私、虚荣、骄傲、仇恨、怯懦、贪婪、暴戾、嫉妒等肮脏的东西。中国传统文艺自然也具有这种功能，可以净化人的心灵。

2. 陶冶情操

艺术在净化心灵的基础上，又具有陶冶情操的功能。它通过艺术美对人的刺激，如烧制陶器、冶炼金属一般，激发人的某种情感，使人具有相应的操守。中国传统文艺强调"文以载道"，主张用艺术承载道义，达到思想性与艺术性的有机结合。这样的文艺作品，自然具有陶冶情操的功能。人们欣赏传统文艺的过程，也是陶冶情操的过程。

以阅读传统文学作品为例，阅读苏轼的诗词文赋，我们会被他乐观豁达的性格打动，从而陶冶追求旷达的情操；阅读《红楼梦》，我们会被林黛玉、贾宝玉之间的纯美爱情感染，从而陶冶追求真爱的情操；阅读《水浒传》，我们会被鲁智深、武松等好汉的侠义之举打动，从而陶冶追求正义的情操。这就是传统文艺陶冶情操的价值。

3. 提高品位

艺术的审美功能，还体现在提高人的品位上。中国传统文艺具有这样的功能。首先，欣赏传统文艺可以提高人的审美品位。中国传统文艺作品数量多、质量高，我们欣赏这些作品，可以提高审美品位，提升审美素养。欣赏传统文艺作品，对于文艺创造者，可以提高创造美的能力，从而创造出更好的作品；对于文艺欣赏者，可以提高欣赏美的能力，从而获得更多的审美体验。其次，欣赏传统文艺可以提高人的精神品位。在欣赏传统文艺作品的过程中，人们在提高欣赏美、辨别美的能力的同时，也会提高精神品位。

三、借鉴启发价值

（一）提供历史经验借鉴

"以史为镜，可以知兴替。"古今中外的政治家和思想家都非常重视从历史中汲取治国理政的经验教训。鲁迅曾指出："历史上都写着中国的灵魂，指示着将来的命运。"中华民族历史悠久，在漫长的历史进程中，积累了丰富的经验教训，可供当代借鉴。

1. 成功经验的借鉴

中国历史上创造过很多值得称道的盛世，如汉朝的"文景之治""汉武盛世"，唐朝的"贞观之治""开元盛世",明朝的"永乐盛世""仁宣之治",清朝的"康乾盛世"等,使国家能够保持长期的社会稳定、政治清明、经济发展、百姓安居、民族和谐、文化繁荣,因此成为后世借鉴成功经验的典范。

2. 失败教训的汲取

成功经验固然值得借鉴,失败教训更是值得汲取。"要获取明确的理论认识,最好的道路就是从本身的错误中学习。纵观中国历史,有些朝代"其兴也勃焉,其亡也忽焉",如秦朝;有些朝代盛世之后逐渐衰弱,如汉唐;有些朝代文武失衡,如宋代;有些朝代闭关自守,如明清。总的来说,他们的失败有某些共性的教训,尤其值得后世引以为戒。

(二)提供发展理念启发

1. 民惟邦本

"重民本"是中国古代治国理政思想的精华。早在《尚书·五子之歌》中,古人就记载了夏禹"民惟邦本,本固邦宁"的民本思想。总的来看,中国古代民本思想包括以下内容。

①把民心向背视为国家兴亡的关键。《左传》上说:"国将兴,听于民;将亡,听于神。"《管子》也认为:"政之所兴在顺民心,政之所废在逆民心。"。

②把造福民众作为国家施政的重点。孔子主张:"节用而爱人,使民以时。"孟子主张实行"仁政",要"省刑罚,薄税敛",以达到"老者衣帛食肉,黎民不饥不寒"的目标。

③把弱势群体作为国家关照的对象。从《礼记》"鳏寡孤独废疾者皆有所养"的社会理想,到孟子对"天下之穷民而无告者"的特别关注,再到杜甫"安得广厦千万间,大庇天下寒士俱欢颜"的人文情怀,无不表现出对社会弱势群体的重点关照。

虽然历史上"重民本"的思想并不总能得到执行和贯彻,"民为贵,社稷次之,君为轻"的主张也往往流于口号,但这一思想毕竟得到了广泛认同,产生了积极影响。今天,我们既要从"民惟邦本"的理念中汲取思想精华,又要有所创新发展,在治国理政实践中坚持以人民为中心的发展思想,多谋民生之利,多解民生之忧,实现共同富裕。

2. 德法合治

在如何治理国家的问题上,中国古代长期存在"德治"与"法治"之争,这尤其是先秦儒家和法家思想争论的焦点。儒家主张以"德"治国。孔子说:"为政以德,譬如北辰,居其所而众星共之。"他还说:"道之以政,齐之以刑,民免而无耻;道之以德,齐之以礼,有耻且格。"孔子认为,在治国问题上,"法"仅能治标,而"德"才能治本,应该把"德"作为治国理政的核心理念。对此,法家持反对态度,主张以"法"治国。韩非子说:"国无常强,无常弱。奉法者强则国强,奉法者弱则国弱。"他认为国家只有依"法"而治,才能变得强盛,因此主张"明王峭其法而严其刑""不务德而务法"。以"德"治国还是以"法"治国的争论在历史上深入而持久,但在历史实践中,"德法合治"成为治国原则。文景之治、贞观之治都是"霸王道杂之",既注重"德"治,又注重"法"治,"德"与"法"有效结合。实际上,"德"治和"法"治是辩证统一的关系。"夫礼禁未然之前,法施已然之后;法之所为用者易见,而礼之所为禁者难知。""法"是硬性规定,督促人"不敢做"坏事;"德"是柔性倡导,教化人"不愿做"坏事。没有"德"治,"法"治难以施行;没有"法"治,"德"治将失去保障。"德法合治"的理念启示我们,在治国理政中要处理好"法"治与"德"治的关系,既要推进全面依法治国,也应注重道德建设,打牢依法治国的道德基础。

(三)提供治国理政智慧

中国古代积累了很多治国理政智慧,虽然这些智慧主要是在封建专制制度下形成的,其中一些封建糟粕已经被历史证明具有巨大的危害性,但其中也有很多优秀内容对今天的治国理政具有很大的启发意义。

1. 勤政爱民智慧

(1)为政

①内圣外王,注重内在修养。在我国封建社会,人们很崇尚做官。但在追求做官时,也十分注重对规律的运用,讲求修身正己,做官先做人。

中国传统文化一直将"修身"作为"齐家、治国、平天下"的基础和前提。"古之欲明明德于天下者,先治其国。欲治其国者,先齐其家。欲齐其家者,先修其身。欲修其身者,先正其心。欲正其心者,先诚其意。欲诚其意者,先致其知。致知在格物。物格而后知至,知至而后意诚,意诚而后心正,心正而后身修,身修而后家齐，家齐而后国治，国治而后天下平。"要想成为一个好的领导者，就必须有较高的自我修养。

孔子曰："己欲立而立人，己欲达而达人。"孟子曰："君仁莫不仁，君义莫不义，君正莫不正。"老子曰："失道而后德，失德而后仁，失仁而后义，失义而后礼。"对于执政者的素养，古人不仅认识到它的重要性，还从思想、品德、作风、气质等诸多方面予以概括，提出很多有益的、对于今天还有一定借鉴意义的具体要求。

②低调内敛的领导哲学。老子曰："天下之至柔，驰骋天下之至坚。"低调是一种领导智慧，是为人处世的黄金法则。懂得低调的人，会得到人们的尊重，受到世界的尊重。低调往往不是一种简单的领导方式或模式，而是一种领导风格。低调的领导风格不是老谋深算的哲学，而是适用于任何普通人的生存智慧，尤其是处于重要地位的领导者。

"处事须留余地，责善切戒尽言。"越是有才华的人，越是官居高位的领导者，就越要保持低调。人生在世，处世谨慎，临事不惊，持一种小心翼翼的态度，三思而行，得理也要让三分。

《论语·为政》："子张学干禄。子曰：'多闻阙疑，慎言其余，则寡尤；多见阙殆，慎行其余，则寡悔。言寡尤，行寡悔，禄在其中矣。'"子张是孔子的学生，向老师求教怎样入仕为官。孔子说，多听少说，有疑问则存疑，其他没有疑问的要谨慎地谈论，就会减少错误。多看，避开危险，其他的也要小心翼翼地去实行，就能减少事后懊悔。言语少犯错误，行动很少后悔，自然就有官职俸禄了。中国传统文化中，谨言慎行历来被视为有修养的表现。古语云："水深流去慢，贵人语话迟。"如果能达到"喜怒不形于色"的境界，便是道行高深。

古语云："地低成海，人低成王。"领导者低调做人是一种蕴含着风度、修养、品格、智慧、谋略、胸襟的姿态。曲高者，和必寡；木秀于林，风必摧之；人浮于众，众必毁之。

③尚贤却互相牵制的用人策略。中国古代在用人方面主要有两个方面的经验。第一，秉持德才兼备的人才标准。既要论其德，又要论其才，两者缺一不可。宋代的司马光这样表述这两者的关系："才者，德之资也；德者，才之帅也。"而当两者无法兼备时，多数人主张以德为主，宁用庸才，不用佞才。第二，受人性和环境的影响，"外举不避仇，内举不避亲"，一般主张任人唯贤，决不任人唯亲。

第二章　优秀传统文化的当代价值及传统教学思想对现代教育的启示

重视人才，是中华民族的优良传统，也是古代治国之道的核心内容。大家都很熟悉的《三国演义》，表面是刘备、曹操、孙权三方的竞争，其实背后也是人才的竞争。刘备三顾茅庐，就为请诸葛亮，有了诸葛亮，就有了《隆中对》，就有了三分天下的预测，最后才有三国鼎立；孙权对周瑜言听计从，谨遵孙策去世前的教诲，内事问张昭，外事问周瑜；曹操更是聚揽人才的高手，只要是人才，都能够倾心相交，量才使用。

④内方外圆的外在呈现智慧。我国古代的钱币，是内方外圆的铜钱。外形是圆形，既寓意中国人追求生活圆圆满满的美好愿望，又代表着中国人崇尚温和中庸的做人做事的方式。中间是方形，棱角清晰，代表做人是有原则和底线的。

总之，中国传统文化中的领导智慧根植于中国社会环境、政治构架中，符合中国社会发展的需要，涉及治国方略、理政之道、自身修养等方方面面，是现代领导思想和领导理论的资源宝库。如果能更好地将这些领导智慧与时代发展变迁结合起来，从而不断创新，将更有利于推进中国特色社会主义科学理论的新发展。

（2）敬民

《荀子·议兵》中说："好士者强，不好士者弱；爱民者强，不爱民者弱；政令信者强，政令不信者弱；民齐者强，民不齐者弱；赏重者强，赏轻者弱；刑威者强，刑侮者弱……"

回望中国历史，往往会有类似的感慨：一个朝代建立之初，开国之君及其后数代，往往勤政廉洁。但到了王朝的中后期，君主就开始深居宫闱、疏离朝政，外戚、宦官、权臣、朋党也就开始互相倾轧夺权，朝纲因此黑暗，百姓苦不堪言。周代商后，人们也会感叹，即使是如商纣王一类的暴君，其执政之初也并非如此，更不要说回溯到开国之时的明君商汤了。"靡不有初，鲜克有终。"对于一个朝代、一个国家来说，这种历史周期率有着深刻的意义。如何跳出这种历史周期率？毛泽东当年面对黄炎培这一深刻提问的回答是：让人民来监督执政党，时常监督、时常改进，这样就可以跳出历史周期率。对执政党来说，每一次历史的教训，都是应当避免的陷阱。战战兢兢、如履薄冰，才是应有的心态。

国富则民安，民富则国强。治理国家，需要稳定的社会秩序，一旦人最低的温饱问题都不能解决，社会将面临失序的风险。社会稳定的维护，必须具有经济、政治和道德基础，经济基础决定上层建筑。所以，从治理国家角度来看，发展的最终目的是造福人民，必须让发展成果更多惠及全体人民。

2. 反腐倡廉智慧

我国古代积累了优秀的廉政文化，既有提倡廉洁的优秀思想，也有惩治贪腐的实践经验，是我们今天推进反腐倡廉建设的宝贵资源。一方面，注重廉政理念。中国古代廉政理念内容丰富，主要有以下几点。

① "公而不私"。《礼记》上说："大道之行也，天下为公，选贤与能，讲信修睦。故人不独亲其亲，不独子其子。"其强调为官从政要有公心，要爱民惠民。

② "正而不偏"。孔子说："其身正，不令而行；其身不正，虽令不从。"为官者只有从自身做起，才能以上率下、政令畅通。

③ "清而不浊"。《广雅》上说："廉，清也。"清清白白做官，是廉政的前提。

④ "俭而不奢"。《左传》上说："俭，德之共也；侈，恶之大也。"生活奢侈的官员，很难做到廉洁从政。通过上述廉政理念的灌输，能够在一定程度上防止腐败。

另一方面，建立反腐促廉机制。为了实现廉政，中国古人还设计了一套行之有效的制度。

据《周礼》记载，中国早在周代便设有治贪促廉的监察官，秦汉以来历朝历代都设有相应的监察机构，形成了较为完备的监察制度。这些监察机构独立性强、地位崇高、权力巨大，虽有很大局限，但在一定程度上对各级官员形成震慑，减少了贪腐行为，促进了政治清明。当前，我国反腐倡廉取得很大成就，但反腐形势依然严峻。借鉴古代反腐倡廉智慧，有利于筑牢拒腐防变的思想道德防线，加强反腐倡廉制度建设，提高拒腐防变能力。

3. 依法治国智慧

"法者，天下之准绳也。""无规矩不成方圆。"修身如此，齐家如此，治国如此，平天下亦是如此。遵循一成之规，是一个集体赖以存在的基础，也是集体中个体的基本素质。但是法的存在，往往会遇到权力的挑战。权力也是人类社会的基本存在，只要有群体，必然有差异，差异就是权力的基础。但权力深植于人性，在人性善恶的两边中，权力常会选择与恶互为借力，如果无法得到规制，权力与恶的人性相互作用，就会成为集体权益的公敌。

（1）依法治国的重要性

"天下之事，不难于立法，而难于法之必行。"大凡国家大事，制定法令条例并不难，难的是有法必依。

党的二十大报告指出："我们要坚持走中国特色社会主义法治道路，建设中国特色社会主义法治体系、建设社会主义法治国家。"

我国正处于社会主义初级阶段，改革进入攻坚期和深水区，国际形势复杂多变，面对的改革发展稳定任务之重和矛盾风险挑战之多前所未有，依法治国在党和国家工作全局中的地位更加突出、作用更加重要。随着我国法治进程的不断加快，依法治国逐步成为共产党领导人民治理国家的基本方略，写入了宪法，在发展中国特色社会主义中的保障和引领作用不断增强。

（2）依法治国对现阶段中国的重要意义

"法令既行，纪律自正，则无不治之国，无不化之民。"为官之义在于明法。无明法不足以正纪纲，无纪纲就不能护公正、张道义。领导干部应该带头依法办事、执法严明、遵守纪律。如果法律只是挂在墙上、写在纸上，不能落到实处，那么法度就会变得模糊不清。

（3）依法治国需全体人民共同努力

回顾改革开放以来我国社会主义民主政治建设取得的各项成就，最重要的就是坚持党的领导、人民当家做主、依法治国有机统一，成功开辟和坚持了中国特色社会主义政治发展道路，为实现最广泛的人民民主确立了正确方向。党的十八大提出，全面推进依法治国，加快建设社会主义法治国家，要更加注重发挥法治在国家治理和社会管理中的重要作用，要积极推进科学立法、严格执法、公正司法、全民守法。所以，更好地坚持推进依法治国，将为实现社会主义现代化的宏伟目标提供可靠的法律保障。作为中国人民也应该认真做好自己，共同建造和谐社会主义国家。

四、文化产业价值

随着知识和科技对经济社会发展的影响日益深入，文化与经济出现加快融合的趋势，文化产业作为一个向阳产业蓬勃发展。21世纪以来，世界上主要大国都非常重视文化产业的发展，已成为国家间竞争的新领域。

近年来，我国非常重视文化产业的发展。习近平总书记在党的二十大报告中指出，要繁荣发展文化事业和文化产业。加大文物和文化遗产保护力度，加强城乡建设中历史文化保护传承，建好用好国家文化公园。

中华优秀传统文化博大精深，与文化产业相辅相成、相得益彰，一方面文化产业的发展有利于中华优秀传统文化的传承和弘扬，另一方面中华优秀传统文化的优秀资源对于文化产业的发展也具有重要价值。

（一）夯实国家文化软实力的根基

提高国家文化软实力，要努力夯实国家文化软实力的根基。要坚持走中国特色社会主义文化发展道路，深化文化体制改革，坚持把社会效益放在首位、社会效益和经济效益相统一，推动文化事业全面繁荣、文化产业快速发展。提高国家文化软实力要"形于中"而"发于外"，必须切实挖掘和传承中华优秀传统文化，发挥其在提高文化软实力中的重要作用，真正把先进文化建设搞好，才能朝着建设社会主义文化强国的目标不断前进。

1. 推进文化体制机制创新

立足于中华优秀传统文化中"自强""创新""实事求是""革故鼎新"这些文化基因，以强烈的使命感和责任感，按照政企分开、政事分开原则，建立健全党委领导、政府管理、行业自律、社会监督、企事业单位依法运营的文化管理体制，切实提高文化领域管理效能和服务水平。加快转变文化行政管理部门职能，理顺党政部门与其所属的文化企事业单位的关系，理顺综合执法管理体制，统筹"放"和"管"，推动政府部门由"办文化"向"管文化"转变，推动国有文化企业形成符合现代企业制度要求、体现文化特点的资产组织形式和经营管理模式，推动文化事业单位形成责任明确、行为规范、富有效率、服务优良的运行机制。健全国有文化资产管理体制，完善互联网管理体制和工作机制，加强和改进网络文化建设和管理，加大依法治网力度。研究探索党委和政府监管国有文化资产，实现管人、管事、管资产、管导向相结合的具体方式。加快推进文化立法，完善文化经济政策，推进文化领域宏观调控目标和政策手段的机制化建设。

2. 健全现代文化市场体系

发挥市场在文化资源配置中的决定作用，鼓励各类市场主体公平竞争、优胜劣汰，打破文化市场条块分割、地区封锁、城乡分离的传统格局，提高文化产业规模化、集约化、专业化水平。加快培育合格文化市场主体，推动已转制的文化企业加快公司制、股份制改造，完善法人治理结构，推动资源整合和战略性重组，加强文化市场诚信建设，支持骨干文化企业做大做强。鼓励非公有制文化企业发展，引导社会资本以多种形式投资文化产业。建立多层次文化产品和要素市场，着力扶持中华优秀传统文化产品创作生产，重点发展图书、电子音像制品、娱乐演出、影视剧、动漫游戏等产品市场，加快培育产权、版权、技术、信息等要素市场。培育和发展行业协会、中介组织，健全文化产品评价体系。

（二）提供丰富的文化资源

中国作为历史文化悠久的大国，历史文化资源非常丰富，这是我国文化产业发展所具有的得天独厚的条件。我国有丰富的历史文化资源，以下文化产业能够提供优秀的文化资源。

1. 影视业

在热播的电影和电视剧中，历史文化题材的作品占据很大比重。事实上，中华优秀传统文化中的丰富内容，如著名历史事件和历史人物、元杂剧、明清小说和戏剧、民间故事传说等，都可以成为影视业的优秀素材。

2. 文化旅游业

随着人们生活水平的提高和文化层次的提升，文化旅游在旅游业中的地位越来越重要。中国丰富的历史文化资源，可以为文化旅游业提供重要支撑。

3. 新闻出版业

近几年，我国新闻出版业营收持续增长，其中印刷复制、数字出版和出版物发行营收占比最多，数字出版业增长尤其迅速。中华优秀传统文化的丰富资源，可以为新闻出版产业提供源源不断的优秀素材。另外，对于动画、游戏、教育培训等文化产业，中华优秀传统文化都可以提供大量文化资源。

中国虽然是历史文化资源大国，但对历史文化资源的开发和利用还非常不足。更有中国传统历史文化资源被其他国家利用的情况，如"花木兰""功夫"等中国传统文化元素被拍成电影《花木兰》《功夫熊猫》等好莱坞电影，《西游记》《水浒传》《三国志》等中国古典名著被日本游戏公司抢注为游戏商标，源于中国的端午节的韩国"江陵端午祭"申遗成功，等等。这些现象充分说明中华优秀传统文化完全可以成为文化产业的优秀资源，同时也提醒我们要重视中华优秀传统文化在文化产业发展中的重要地位。

（三）扩大市场需求

随着人们收入水平的提高，文化产品的消费占比将逐渐加大，文化消费总量也将大幅提升。与此同时，我国消费者受教育程度越来越高，这也将提升文化消费的层次。中华优秀传统文化不仅能够为文化产品的生产提供丰富的文化资源，而且能够为文化产品的消费拓展市场。

1. 中华优秀传统文化扩大文化产品的市场需求

20世纪80年代以来，"传统文化热""国学热"持续升温，中华优秀传统文化与文化产业交融日益紧密，这极大刺激了消费者对文化产品的需求。

（1）提升文化产品的质量

"问渠那得清如许，为有源头活水来。"中华优秀传统文化为文化产业提供了大量优质资源，直接提升了文化产品的质量，从而提升了文化产品在消费者心中的形象。比如，古典小说改编成的影视作品，成为文化产业中的精品，大大提升了文化产品的形象。

（2）刺激消费者的文化需求

改革开放以来，我国民众受教育程度逐渐提升，特别是中华优秀传统文化教育持续加强，激起了民众对文化产品的兴趣，这也大大刺激了消费者对文化产品的需求。

（3）提高消费者的文化品位

中华优秀传统文化数量大、质量高，人们在传承和弘扬中华优秀传统文化过程中提升了文化素养，提高了欣赏文化产品的能力，从而刺激了对文化产品的需求。事实表明，中华优秀传统文化作为文化产品的重要元素，促进了文化市场的繁荣。

2. 中华优秀传统文化拓展中国文化产业的世界市场

有学者曾指出我国文化产业发展中的一个尴尬现象："越来越多的中国企业挺进世界五百强，我们的文化企业却拿不出一个名扬世界的品牌；当美国大片、日本动漫、韩国电视剧攻占中国市场时，我们的文化产品走出去却始终步履维艰。"这一尴尬现象说明了我国文化产业在世界上的弱势地位。产生这一现象的原因，是中国文化产品数量多、质量不高，无法赢得世界其他国家消费者的青睐。

为了改变这一尴尬现象，必须提高文化产品质量，改善文化产品形象。以电影为例，荣获第73届奥斯卡最佳外语片奖的中国古装电影《卧虎藏龙》，以中国元素为主要题材的好莱坞动画片《花木兰》和《功夫熊猫》系列，在一定程度上为中华文化赢得了声誉，也为中国文化产业拓展了市场。推动中华优秀传统文化走出国门，走向世界，让世界人民体会到中华优秀传统文化的独特魅力和迷人风采，将提升中国文化产品在世界上的影响力和吸引力，为中国文化产业拓展出广阔的世界市场。

第二节 传统教学思想对现代教育的启示

一、重视社会教育的思想

中国古代在重视学校教育的同时,也非常注重家庭教育和社会教育。孟母"三迁居所"和"抽刀断织"及岳母"精忠报国"的刺字,都是古代家庭教育中流传千古的佳话。此外,在古代的教育思想中,有许多关于教育受环境影响的论述。墨子是较早比较自觉地意识到环境因素对人的影响的古代教育家。他认为,"人性如素丝,染于苍则苍,染于黄则黄"。他非常向往"尚贤""非攻"和"兼爱"这样的理想社会。因为理想社会的理想环境显然有利于人形成良好的性格。王夫之同样也认为社会环境对学生会产生各方面的影响。学生接触的社会环境,王夫之称其为客观的"外物",他认为"外物"对学生能产生正反两方面的作用。通过人和"外物"的相互作用,"习者亦以外物为习也,习于外而生于内,故曰'习与性成'"。由此,王夫之认为,教育的外部环境的改善对人性的教化是非常必要的。

因此,培养学生不仅是学校和教师的责任,而且也是家长和全社会的责任。在当代中国,重温中国古代教育家关于社会教育的思想,对于我们打造更有利于学生成长的社会环境无疑具有重要的指引作用。

二、将人格培养置于教育的核心地位

出于对教育这一社会作用的高度重视,出于儒家内圣外王,修身才能齐家、治国、平天下的政治理论,中国历代教育家都把人格培养置于教育的核心地位。被誉为"中国古代最早的教育纲领"的《大学》,其开宗明义:"大学之道,在明明德,在亲民,在止于至善。"这其实是一个道德教育的纲领,明确地将人格培养作为学校教育的培养目标。

儒家追求的理想人格是圣贤,其基本特征是"内圣外王"。所谓内圣,要求具有较高的素质和良好的品德,成为圣人;所谓外王,是指为国家和民族建功立业。而且儒家这一理想人格具有仁与智统一的双重品格。

从孔孟、董仲舒直至宋明理学,都把培养理想这一人格作为教育的首要目的。孔子把智、仁、勇作为君子应有的三种品德:"智者不惑,仁者不忧,勇者不惧。"

孟子不仅提出了"大丈夫"的人格理想，还将"智"与仁义礼并列为人之"四德"。《大学》强调"欲修其身者，先正其心；欲正其心者，先诚其意；欲诚其意者，先致其知"。

墨家虽与儒家相对立，但在重视德育和人格培养这一点上却是相同的。墨子对"兼利天下"的贤人兼士提出了三条标准："厚乎德行，辩乎言谈，博乎道术。"也就是说，贤良的兼士必须德行敦厚、善辩言辞和道术精深。与儒家讲"爱有差等"不同，贤人兼士表现为"必为其友之身，若为其身；为其友之亲，若为其亲。然后可以为高士于天下。是故退睹其友，饥则食之，寒则衣之，疾病侍养之，死丧埋葬之。兼士之言若此，行若此"。可见，在墨家看来，真正的兼士首先必须拥有高尚的品质和精深的学问。

在当代社会，个人主义大行其道，利己主义颇为泛滥。面对这样的情况，我们应该从中华民族古代教育中注重德育、注重理想人格塑造的传统中，获得有益的现代启示。

三、重视研读经典与传承民族精神

随着科学技术的迅猛发展，新媒体迅速崛起。一方面，它们给各种知识的传播提供了便捷方式，使得人们的视野空前开阔；另一方面，声讯和光影迅速挤压了文字阅读的空间，"快餐文化"制造的各种时尚文本又以其特有的功利性、实用性、通俗性、娱乐性和刺激性冲击着"经典文化"的思想性、学术性、价值性、深层性和精英性。面对这样的情况，越来越多的人开始呼吁重视对经典的研读。

其实，重视对经典的研读是中国传统教育历来都很重视的一部分。孔子是第一个整理古代文化典籍的人。他整理编辑了《诗》《书》《礼》《乐》《易》《春秋》六书作为基本教材，传授给门下弟子，取得了极大的成功，并由此使研读经典成为中国古代教育的一个重要传统。其后的教育家无不承袭着这一教育传统。北宋著名的思想家和教育家张载，一生遍读各种经典，早年先是在范仲淹的开导下研读《中庸》，后又将目光转向道家和佛教经典，造诣极深。

特别值得一提的是，中国古代不少教育家不仅重视儒家经典，重视道德教育，而且对其他各领域的经典著作亦给予了很大的关注。北宋时期著名的政治家、思想家和教育家王安石，他读书并不限于儒家经典，而是熟读诸子百家之书。

又比如，明清之际伟大的思想家、史学家和教育家黄宗羲，他铭记先父遗教，发愤攻读经史著作，从明十三朝实录到二十一史，"每日丹铅一本，迟明而起，鸡鸣方已"。此外，他还广泛阅读了诸子百家之书，以及天文、地理、历法、数学、音乐、佛教、道教书籍。黄宗羲讲学先后近五十年之久，在其思想和学术风格熏陶下，最终形成了著名的浙东学派。

中华民族在五千多年的发展中，形成了诸如天人合一、以人为本、贵和尚中、刚健有为的民族精神。这些在漫长的历史中形成的民族精神，恰恰被记载于古代的经典之中，又通过一代代的教育传承下来。若不研读经典，后人就无从感知民族的文化与精神。可见，我们的民族精神的传承和发扬，离不开对这些经典的反复阅读、思考、体悟和阐发。这是从古至今我们的教育应始终坚持的。

第三章 优秀传统文化教育的现状

在高校教育中，注重优秀传统文化的教育是十分重要的，其不仅可以促进学生的综合发展，还能促进我国优秀传统文化的现代化发展。从优秀传统文化的教育价值出发，分析当前大学生优秀传统文化的教育现状，并提出加强大学生优秀传统文化教育的路径。本章分为优秀传统文化教育取得的成绩、优秀传统文化教育存在的问题、优秀传统文化教育存在问题的原因三部分。

第一节 优秀传统文化教育取得的成绩

一、青年大学生人文素养提高

中华优秀传统文化有多种表现形式。民族精神是中华民族优秀传统文化的一贯精神，倡导砥砺奋斗、不断前进。

物质文明和精神文明两手都要抓、两手都要硬。中国在很长一段时期内，重视经济建设，忽视了文化建设，这可以从高校设置的课程中看出，比较重视理工科、经济、法学等课程。在今天，我们还应借助中华优秀传统文化的内容进行教育，培养大学生的仁爱思想、忧患意识及进取精神，促进其思想境界的提升，使其形成健全的人格。

二、形成了高校优秀传统文化教育机制

中华优秀传统文化的继承和发展不可能通过一支力量来实现，它需要整合更多力量，形成一个整体，充分发挥其整体优势。随着实践的发展，高校从管理机制、师资培训、课程安排等方面形成了一系列教育体系。

中华优秀传统文化对大学生的成长越来越重要。高校越来越重视中华优秀传

统文化的传承。2014年4月，教育部发布了《完善中华优秀传统文化教育指导纲要》，2017年1月，中共中央办公厅和国务院发布了《关于实施中华优秀传统文化传承发展工程的意见》，强调要重视中华优秀传统文化的传承与发展，也是高校实施中华优秀传统文化教育的指导性文件。高校应结合本校实际情况，通盘考虑，围绕教学目标、教学任务、师资队伍建设、课程设置、奖惩机制、成果运用等方面进行顶层设计，建立完善的高校中华优秀传统文化管理机制。陕西服装工程学院和陕西科技大学镐京学院专门制定以国学教育为主线的素质教育，组织专家编撰国学思想教育教材，作为全校的必修课，鼓励课题组吸收青年教师和高年级学生参加，鼓励课题组将研究内容贯穿在教学过程中，形成具有本校特色的中华优秀传统文化教育模式。中华优秀传统文化应纳入思想道德教育、文化知识、艺术与体育、社会实践教育的各个方面。高校思想政治理论课是培养大学生思想道德的基础。因此，在新时代，中华优秀传统文化的素质教育应纳入思想政治理论课教师培养体系中，改变过去的教学模式。

在高校课程设计中应增加中华优秀传统文化的内容，特别是在中华传统文化相关学科建设中，要建立起相互联系的教材体系，加强具有重要文化意义和继承价值学科的建设，初步形成中华优秀传统文化相关学科的科学体系。

新时代，大学生是中华民族的希望，通过对中华优秀传统文化的系统学习，大学生应对中华优秀传统文化的精神内涵有深刻的认识。

三、传承并弘扬优秀传统文化之势已然形成

首先，以习近平同志为核心的党中央对中华优秀传统文化的重视提升到了新高度。习近平总书记在曲阜孔府、北京大学考察时，在给孔子学院的回信中，肯定了中华优秀传统文化的重要性。他在讲话中，熟练引用古代语句和思想，值得我们学习。总书记为我们树立起继承优秀传统文化、弘扬优秀传统文化的典范。

其次，国家和政府也相继出台了一系列指导性的政策、文件，推动中华优秀传统文化教育机制的完善。2017年1月，中共中央办公厅、国务院办公厅印发《关于实施中华优秀传统文化传承发展工程的意见》，强调要"把中华优秀传统文化全方位融入思想道德教育、文化知识教育、艺术体育教育、社会实践教育各环节"，并贯穿国民教育始终。2017年12月，教育部印发《高校思想政治工作质量提升工程实施纲要》，对我国思想政治工作进行了全面部署。

最后，全社会给予了传统文化教育极大的关注与重视。在2018年两会上，"传统文化教育"成为一项热点话题，多位两会代表委员、高等教育界人士聚焦传统

文化教育的重要性、高校传统文化教育的科学方向和实现路径等问题展开探讨，将"传统文化热"再度推向高峰。

第二节　优秀传统文化教育存在的问题

一、家庭教育存在的问题

随着时代的发展和社会的进步，人们在享受物质利益带来的巨大快感的同时也陷入了现代家庭教育的焦虑之中，中华优秀传统文化在融入当代家庭教育中面临着前所未有的挑战。

（一）传统文化家教意识淡薄

家庭是孩子的第一所学校，父母是孩子的第一任老师，优良的家风家教对家庭成员的道德养成、品格塑造具有潜移默化、春风化雨的重要作用，对弘扬中华传统美德具有重要作用。然而，部分家庭在教育孩子的过程中将中华优秀传统文化抛之脑后，一些家长沉迷于外来文化，认为中华传统文化因循守旧，外来文化才能破旧立新，带孩子过西方节日、吃西式快餐。有一些家长认为孩子只要学好数理化就能走遍天下都不怕，对语文、历史等科目并不重视，但是只有在这些科目中我们才能体会到中华优秀传统文化的魅力和博大精深。部分家长对传统文化知识掌握不足，甚至沉浸于电子产品的世界里，没有阅读书籍的习惯。在完成每日繁忙的工作后，一些家长不会主动阅读中国传统经典名著和文学作品，传统文化知识的匮乏导致自己没有办法言传身教，难以对孩子进行传统文化的教育。

（二）家庭教育存在不良理念

教育理念支配着教育方法，决定着教育方向，是家庭教育成败的决定性因素。而当代家长的教育理念主要有以下两种不良形式。

1. 重智轻德型的教育理念

纵观一百多年来的现代教育发展，无论何时都倡导要使孩子"德、智、体、美、劳"全面发展，"德"永远居于首位，良好的道德品质是根本，智力、体能、艺术鉴赏力和劳动力则是加分项。但是当今社会，绝大多数家长更加重视提高孩子的智力。中国古代的家庭教育对于孩子的德育是十分注重的，无论是孔子的"六艺"——礼、乐、射、御、书、数，还是其他一系列的行为道德规范，都将品德置于最高地位。

反观现在，小孩子们都在上各种各样的辅导班，家长将他们的课余时间充分利用起来，一些家长认为孩子不能输在起跑线上。但是这样做首先会使孩子过早失去童真，现在的暑假已经不是传统意义上的暑假了，暑假要比上课忙碌许多，"儿童放学归来早，忙趁东风放纸鸢"的情形已经很难见到了；其次，在重智轻德的家庭教育方式下，孩子难以形成正确的人生观和价值观，他们的观念受到父母潜移默化的影响，很可能会变得冷漠和自私，将个人利益看得高于一切；最后，父母在这种氛围中也会给自己徒增许多压力和烦恼，很难营造轻松愉悦的家庭氛围。

2. 溺爱放纵型的教育理念

当代家庭教育中存在的另一个问题就是对孩子随意放任。有那么一部分家长对孩子过于溺爱，对孩子的需求尽一切可能去满足，在经济上过于宽松，导致孩子形成花钱大手大脚的坏习惯，而忘了勤俭节约是中华民族的传统美德。即使家庭富足，家长也要使孩子明白金钱来之不易的道理，随意放任的家庭教育容易造成孩子的性格缺陷，这最终会导致孩子以自我为中心，养成任性放纵的不良生活习惯。当然，对孩子过于严格也有不利的一方面，容易使孩子过于争强好胜和敏感，因此家长应把握好教育孩子的尺度。

（三）传统教育和现代教育之间存在差异

现代家庭规模日趋小型化，家庭均户人口规模缩小，二人或者三人家庭成为现代家庭规模的主体，古代传统的大家族模式正在解体。众所周知，在古代，为了使自己的家族能够得到更好的发展就会形成一系列的家风家训，向先哲学习的同时也能提高家族成员的素质，而在现代家庭中，我们很难见到优秀传统家风的传承。

现代家庭结构的改变使得大多数家庭只有一个子女，部分家长对独生子女过于溺爱，传统教育中如"孔融让梨"等中华民族传统美德被摒弃，家长不能做到言传身教，孩子也无法感同身受，这就造成了传统教育和现代教育之间的巨大鸿沟。虽然传统教育中也有不正确的教育方式和理念，但是我们应取其精华，去其糟粕，使传统文化教育与现代教育更好地结合在一起。

二、学校教育存在的问题

（一）学校层面

1. 发掘力度不够

学校对中华优秀传统文化资源的发掘力度直接影响校内环境的营造以及相关融合课程的设置情况。就当前来看，我国多数学校在关于中华优秀传统文化资源发掘方面，存在着"浅尝辄止""重复利用"等问题，即相关资源的发掘主要是从网络渠道中进行检索，缺乏从实践角度出发对中华优秀传统文化资源的系统梳理与探索。这就导致了多数学生群体对校内现有的中华优秀传统文化氛围感触不深、相关活动参与积极性不足等问题。

此外，在相关课程资源的发掘上也存在模板化的问题，即根据相应的模板内容，从中华优秀传统文化内容中进行截取与填充，这就进一步导致了缺乏对中华优秀传统文化的深度发掘与展示，由此影响学生对其的认识，以及对其背后思想政治价值的理解。

2. 教育方式比较单一

一提起传统文化，人们的脑海里很容易就呈现出摇头晃脑、满口"之乎者也"的老夫子形象。现在不少学校依然存在着教师认真讲课、学生心不在焉听的乏味授课模式，学生厌学逃课也就不难理解了。有的高校在入学教育时进行《三字经》《弟子规》等内容的学习，开展诵读名言警句、知识竞赛等活动，可好多学生在考试之后就把这些东西搁一边、忘光了，根本不能举一反三、融会贯通地落实到日常生活中。学生听、说、读、写、悟、展、演、行是有机统一的整体，如果缺少了对传统文化知识"行"的环节，学生的学习就会变得机械、被动，鹦鹉学舌似的读上一万遍，也不能变成自己的真才实学。不少大学生被背诵多少万字吓到了，根本不愿意迈入优秀传统文化学习之门，更别说享受其中真正的精妙和乐趣了。

现在高校优秀传统文化教育方式存在一些问题，在进行优秀传统文化教育时，教师只注重讲解，不注重学生的诵读。事实上，诵读是几千年就流传下来的、被实践反复证明的，并且很有效的传统文化教育方法，经典名篇非常适合诵读，现在的大学生传统文化教育中普遍轻视经典诵读，这种诵读严重不足的问题，亟须加以改变。

3. 校园传统文化氛围不浓厚

大学生传统文化教育的实施，不仅要依靠传统文化的理论教学，而且还需要发挥校园文化潜移默化的作用。校园文化氛围主要包括两个方面，即校风和学风。就目前情况来看，高校校园文化环境中传统文化氛围仍然不够浓厚，传统文化的育人氛围尚未完全形成。

（1）校风

所谓校风就是指一所学校所呈现出来的氛围。如果一所高校校风优良并且蕴含着浓厚的传统文化底蕴，那必然有利于传统文化的传播，有利于陶冶学生的情操，培养高尚品质，使学生树立远大理想，树立正确的人生观、价值观；反之，校风不良就会助长不良作风，对大学生传统文化教育的开展产生不利影响。校风很多是依靠校园物质文化环境体现出来的。部分高校为应对教育教学评估，不断扩大学校规模，建设新校区，将校园中原有的体现传统文化底蕴的古老校园建筑拆毁，而将充满商业化、模式化的建筑设计搬到校园中来，破坏了学校原本的传统文化氛围，不利于大学生人文素养的培养，不利于大学生传统文化教育的开展。

（2）学风

在学校教育中，校风固然重要，良好的学风更是必不可少。学风是指在校学生学习态度和风格的总和。良好的学风能够使大学生形成良好的学习态度和学习习惯，有利于大学生更好地接受传统文化的熏陶，推动大学生传统文化教育的顺利开展；而不良的学风则会降低大学生学习的积极性，使大学生不思进取，阻碍大学生传统文化教育的进行。学风主要体现在校园学习活动的开展上。随着传统文化地位的不断提升，很多高校在传统文化教育活动的开展上都做出努力，但目前来看这种活动依然是不成体系的。大学校园传统文化活动主要是通过社团、学生会等开展起来的，如书法绘画活动等。一方面，这些活动基本都是在校园中开展的，学生参与情况并不乐观，存在参与人数少，影响范围小的问题；另一方面，大部分的传统文化教育活动重形式、轻内容，活动的开展并未真正实现传统文化教育的目的。

综上所述，当代大学生传统文化教育现状喜忧参半，大学生传统文化素养也不能满足社会发展要求，高校传统文化教育现状也不能够满足大学生全面发展和成长成才的需要。

4. 教育内容缺乏系统性和整体性

通过课堂主渠道来进行中华优秀传统文化的学习，已经得到越来越多人的认可。但是目前，一方面，高校中华传统文化教育各学科各自为政，没有形成健全的学科体系；另一方面又缺乏系统的专业教材，存在教育内容随机性、碎片化的问题。例如，有的教师在传统文化教学中，对经典原著进行改编，而忽视了让学生直接阅读经典原著，因此导致传统文化教育内容偏离优秀传统文化的基本精神。

5. 融合教学方式多元探索动力不足

我国多数教师在中华优秀传统文化融合过程中所体现出的教学方法单一的问题，主要原因是融合教学方式多元探索的动力不足。一方面，由于多数学校在课程设置上对中华优秀传统文化相关课程的设置较少，或者尚未涉及，直接导致了教师对多元教学方式探索的实际依托不足，影响多元教学方式探索的实际开展；另一方面，部分教师虽然在思想政治课程中对有关中华优秀传统文化融合的教学方式进行了探索，但是由于缺乏实际可行的参照，以及校内相关设施与设备的支持，也进一步影响到了教学方式探索的有效性。

（二）教师层面

专业教师是大学开展传统文化教育的主力军。课堂教学是传播传统文化的主阵地，而教师是"传道授业解惑"之人，在传统文化的教育教学中占据主导地位。因此，要想传统文化教育进行得有效果，必须加强传统文化教育的专业教师队伍建设。从目前情况看来，高校传统文化教育的师资力量严重不足。

一方面，高校进行中国传统文化研究造诣较高的学者数量偏少。放眼当前各大高校或者整个学术界，传统文化方面造诣较高的学者如数家珍，而这些学者接触的学生范围比较小，数量也不大。

另一方面，传统文化源远流长，要想掌握得精准，把握得全面，不深入研究、不付出长期的努力是达不到效果的，并且在短期内也不可能达成，各个高校真正对传统文化研究得透彻、水平较高的教师数量不多。而且，当前传统文化教育的授课教师大部分都是中青年教师，这个年龄阶段的教师正处于精力旺盛之时，但也正是面临着各种压力的时候，这势必会对年轻教师传统文化素养的提高产生不利影响。

因此，当代大学生传统文化教育中授课教师的传统文化知识素养仍有待提高。

（三）学生层面

1. 情感认同较弱

学生群体对中华传统文化本身的情感认同也会直接影响整个融合的效果。从现有情况来看，我国多数青少年学生能够对我国中华传统文化背后的爱国主义思想表现出强烈的认同。但是部分学生缺乏对中华优秀传统文化背后所蕴含的精神与思想价值的理解，因此对其呈现出较低的认同感。

2. 理性认识不足

学生主体是否能够对中华优秀传统文化内容有理性与全面的认识，会直接影响中华优秀传统文化在学校教育融合方面的具体效果。我国部分青少年学生对中华优秀传统文化融入学校教育中缺乏理性认识，难以认识到中华优秀传统文化融入学校教育的重要性，并且存在参与度不高，甚至排斥的现状。比如，部分学生认为，将中华优秀传统文化融入学校教育中，只会加大学校教育的难度，影响到自身的学习成绩。

3. 缺乏传统道德观念

当代大学生因为种种因素的影响，存在一些与中国传统文化中的道德观念不相符的现象。比如，部分大学生信仰缺乏、个人主义思想严重、集体主义思想弱化、社会公德意识淡薄。在处理物质与精神的关系上，一些大学生只注重眼前的物质利益，忽视了个人的精神追求；在奉献与索取的关系上，只知道一味地索取，不思回报社会，人为地淡化自己的社会责任感，陷入了极端的个人主义泥潭中，甚至部分大学生连基本的文明礼貌都欠缺。

（1）缺乏理想信仰

信仰是一个人对人生观、价值观的态度和选择，是一个人价值观念体系的核心。大学生的信仰问题，不仅对自身的成长至关重要，而且对国家和民族的发展进步有着重要的影响。一些大学生高调宣扬追求生活享受、崇尚个人利益，面对多种价值观的冲击，处于无所适从、迷茫和困惑的状态。

人生需要信仰或者说理想，没有理想信仰的人，难以在今后的发展中有所作为。每一个大学生应该扪心自问："我的大学梦已然实现，可我的终极理想是什么？"

（2）缺乏社会责任感

部分大学生表现出个人主义和功利主义思想，忽视了对自己人文素质的培养，缺乏社会责任感和主人翁意识。社会生存压力不断增大，使部分大学生在学习方面功利思想尤其明显。学生关心的是自己拿到了多少个技能考试证书，或者是大学期间荣获了多少荣誉证书，以使自己在未来的工作和发展中增添砝码。相反，这些人却很少关注自己在道德修养方面的进步，这背离了大学生德育教育的初衷。

（3）道德认识与道德实践脱节

道德认识是道德实践的基础，道德实践是道德认识的目的。中国被世人称为"礼仪之邦"，中国传统文化历来重视对人们的道德教化。大学生群体应该是自觉参加道德实践活动的群体，但是，目前部分大学生却出现道德行为失范的现象。比如，爱国主义思想强烈，但缺少社会责任感；有成才的意愿，但缺少刻苦努力；等等。

三、社会教育存在的问题

（一）规划与内容问题

在社会教育中，缺乏有针对性的工作规划，文化传播内容不丰富，未能激发学生的学习兴趣。社会在教育内容设计上以法律教育、安全教育、卫生健康教育为主，对中华优秀传统文化的发掘力度不够，使得教育的渗透作用和育人作用未能有效发挥。社会教育形式大于内容是目前存在的主要问题，相关领域人员需要对相关问题加大重视力度。

此外，社会教育中缺乏合理可行的工作规划，也是目前存在的主要问题之一。社会教育的重点是使社会成员树立正确的价值观，而对教育目标的规划设计不足，会影响社会教育的效果，影响社会教育水平的有效提升。

（二）传承自觉性不高

文化自信是民族自信的根基，文化安全是国家安全的重要基石。在经济全球化时代和文化多元化时代，中华优秀传统文化面临着文化形态复杂演变、外来文明冲击加剧的挑战。

一方面，很多城乡居民对传统文化缺乏足够的了解，一部分民众甚至认为保护、传承优秀传统文化是政府的责任，与自身无关。民众探索学习地方优秀传统文化的积极性不高、自觉性不足，这对于文化的传承与创新是极大的阻碍。很多极具特色的优秀传统文化在历史长河中因缺少传承、保护而逐渐流失，令人痛惜。

另一方面，社会教育虽然摆脱了学历文凭导向以及工具理性文化的钳制，在传承优秀传统文化方面更加灵活多样，但从实践来看，仍旧主要依靠政府自上而下的行政性推动，社会各界仅在重要的传统节日等时间节点按照上级规定的任务和要求开展相应的教育活动，积极主动地研究、调研地域文化发展状况以及了解居民的文化学习需求，基于高度责任感自主开展文化传承活动，并没有成为工作常态。这就导致了社会教育传承优秀传统文化的具体内容缺乏针对性，居民参与社会教育文化传承活动的积极性没有得到充分调动，影响了社会教育传承优秀传统文化的效果。

（三）统筹整合力度不足

社会教育关涉面众多，涉及教育、财政、文旅、妇联、农业农村等多个部门，文化传承更是涵盖范围比较广，包括优秀家庭教育文化、工匠文化、公民文化、网络文化等，因而，社会教育传承优秀传统文化是一项极具系统性、综合性的工程，迫切需要加强部门资源的整合，防止封闭割裂、各自为政的情况。

仅从教育自身来说，在优秀传统文化的传承中，学校教育、家庭教育、社会教育相互配合、形成合力是极其重要的。反观现实，整体来看，三者有机结合的效果并不明显，家校合作、校社合作、家校社合作尽管有点滴突破，但还远远谈不上形成整体合力。

就社会教育来说，其从学校调动、借用教师资源、场地资源、设施设备资源、课程资源的阻力依然很大，社区教育调动、借用文化馆、博物馆、美术馆等的人力、场地等资源也面临体制机制障碍。各单位经费单独划拨、活动自主开展依然是主流，基于同类事项和职能的资源统筹机制尚未建立，在很大程度上导致了资源的浪费。尤其是省市级层面的多头部署与基层一个部门的全面承接形成了鲜明的对比，通常基层一个部门的工作总结经过稍加改动就可以呈报截然不同的上级主管部门，这种较为普遍的现象恰恰说明省市级部门机关的工作分工还有很大的调整优化空间。

（四）保障制度不全面

在社会教育中，对传统文化发展与传播机制构建不合理，缺乏保障制度，导致文化传播能力不足，影响社会教育工作水平。在制度建设过程中，对于文化传播保障机制不全面等问题，应加大重视力度，善于利用先进的管理技术，健全保障机制，提升社会教育水平。

由于社会教育模式尚处于初级阶段，社会保障制度构建不够全面，对社会教育规范作用不够，影响实际培育效果。在管理工作中，社会人员综合素质存在较大差异，需要利用科学、完善的制度体系，对人员进行管理，确保社会教育工作的有序开展。

第三节 优秀传统文化教育存在问题的原因

一、优秀传统文化教育之课程化原因

实施优秀传统文化教育，首先要面对的是传统文化的课程化问题，这是业界的共识。但是如何实施有很多分歧，见解相去甚远，争议相当激烈。由于没有统一的课程标准要求，近年来，各地各校依据各自对传统文化的理解，做了积极的、多样化探索。以传统文化教育名义开设的课程五花八门，在内容选择、课时安排、呈现形式、量与度的拿捏等方面差别非常大。在国学经典的选择上，有的以蒙学为主，主要是《三字经》《百家姓》《千家诗》《千字文》，外加《弟子规》及《声律启蒙》等；有的则学习儒家经典，如《论语》《大学》等；有的重视诗词，即选择唐诗宋词作为主要内容；有的偏爱古文，重点引入《古文观止》等文选；有的全面出击，蒙学、古诗文、四书五经全部收入；有的独守一经深入学习。在教学安排方面，有的小学低年级即读《诗经》，有的到了初中还在学习《弟子规》。在课时安排上，有的学校有专门课时，更多的学校则是利用早读、课外活动等时间完成。还有很多学校从传统文化中或抽取某个专题，形成如"孝文化""雅文化"专题作为教育内容，或作为教育形式，或形成校园文化，或固化为校本课程；也有学校将传统文化中某种技艺作为特色课程，如武术、剪纸、书法，等等。

形成这种散在格局，固然与课程构建的自发性有关，但更深层次的原因，则是对传统文化存在认识上的差异。由于传统文化博大精深，难免会造成盲人摸象式的主观性取舍。重道轻艺者有之，鄙弃蒙学者有之，轻言否定者有之，不加分辨无以取舍而行者亦有之。鉴于此，教育部提出的以中华优秀传统文化教育一体化为重点，整体规划、分层设计、有机衔接、系统推进的策略是非常必要的。

另外，关于课程化问题，还需要考虑以下几点。①要划定具有整体性特征的具体内容。所谓整体性，是指各学段、各学科要统一规划，所谓具体内容就是要

对所学文本、知识、技艺等有权威性的具体规定，须列出细目。在内容的确定上要克服保守倾向，既要有基本要求，又要具有较大的可选择性。②要与现有课程做到有效对接，避免出现传统文化与现有课程"两张皮"的现象。例如，将修身与公民教育整合，将古诗文与语文课程整合，将传统技艺与音体美整合，等等。同时，要特别强调课程的综合与学科间的融通。③要妥善安排与优秀传统文化教育规律相符合的教学内容。从五六岁的儿童到十七八岁的青年，学生要走过十几年的学习历程，其间，他们的身心会发生极大变化，学习的规律是由记性到灵性、再到悟性，这个过程决定着教学的顺序。要区分记忆与理解、养正与益智、做事与穷理等不同发展期的侧重点，特别是对经典文本的学习，应立体式建构、螺旋式展开，从小学、中学以至大学，提倡一本多读，而非线性推进。④开展教学实验是积极、稳妥推进优秀传统文化教育的重要保障。课程化需要定篇、定量、定序、定度，这"四定"都要经过教学实验，实验既是对课程可行性的检验，也是对课程的完善。

二、优秀传统文化教育之环境原因

从宏观来看，虽然大学生政治思想教育环境日趋完善，但优秀传统文化教育未能良好融入其中，主要有以下原因。

多元文化的快速发展对我国优秀传统文化的传承造成了极大的冲击。21世纪以来，经济全球化高速发展，对我国大学生思想政治教育造成了非常深远的影响。世界范围内各种文化面临更深、更广的交流，多元文化进入我国，大学生面临多种社会文化选择，思想政治教育领域也出现了新的文化标准和范式。社会文化的多元化发展，影响人们的思想和行动，思想上正处于发展期的大学生更容易受其影响。

三、优秀传统文化教育之师资培训原因

教育的成败在很大程度上取决于教师的整体水平，要想更好地开展优秀传统文化教育，同样需要造就一支高水平的教师队伍。目前，优秀传统文化教育在师资上的现状可用"缺、弱、差"三字概括。

所谓缺，主要是能够胜任传统技艺教学的教师十分缺乏，如书法、武术、纸艺等。目前，既有较高的专业水准，又能从事中小学教学者，数量不多。所谓弱，指多数教师在传统文化方面底子太薄，只有小部分教师因个人爱好而具备较高的传统文化素养。例如，一些语文教师特别是小学语文教师没有完整读过"四书"，

对教学古诗文不可或缺的"文字""训诂""声韵"也知之甚少,这与优秀传统文化教育的"全员全科覆盖"的要求显然是不符的。所谓差,是指由于优秀传统文化教育水平整体较低,导致教学效果差。鉴于此,尽快制定以提高传统文化教育整体水平为目标的全员师资培训规划十分迫切。

教师的优秀传统文化教育水平分为两个层次,即优秀传统文化水平与教育水平。中华优秀传统文化博大精深,使想要提高教师的优秀传统文化水平需要很长的时间,甚至可能需要几代人的努力。因此,要兼顾必要性与可行性,避免操之过急。

目前,除国家统筹安排的各类培训外,还可以因地制宜,采取长短结合、通专兼顾、学教互促的策略,以取得更好的培训效果。长短结合就是做到长计划、短安排。根据每所学校、每个教师的不同情况,将培训计划落实到每年、每月、每周。通专兼顾就是同时照顾到通识性培训与专业性培训。学教互促就是以教带学,以教定学,边教边学,教学互促。在这个过程中要充分发挥教师的主动性。

四、优秀传统文化教育之背后的思维方式原因

对于优秀传统文化教育,首先应该反思传统文化教育的目的是什么。这里既有国家发展战略的需要,又有由传统文化自身价值决定的因素。经典的传统文化是我国古人智慧的结晶,是他们对自身及整个人类在历史发展过程中所面临的挑战以及解决措施的深入思考。

因此,优秀传统文化的价值包括文化知识的价值以及文化背后所隐藏的思维价值两个方面,不仅要学习文化知识,而且要汲取优秀传统文化的精华。中国科学院杨福家院士认为,我们能从思想文化中获得的最重要的两点就是思维的培养和知识的积累,而在这两者之间,思维的培养更为重要。因此,通过学习经典文化,我们不仅要积累传统文化知识,掌握一些特殊技艺技能,还要为我们在自身发展过程中出现的问题寻找分析和解决的策略。

从教育目的来说,优秀传统文化教育也应注重对学生思维的训练。"思维发展是智力发展的核心",国外把思维训练当作教育目的的历史悠久。1828年,美国《耶鲁报告》把提高学生的思维能力作为本科教育的首要目标。1929年,英国数学家、哲学家、教育家阿尔弗雷德·怀特海(Alfred North Whitehead)在其专著《教育的目的》一书中写道:"教育是教人们掌握如何运用知识的艺术,这是一种很难传授的艺术。"美国著名教育家罗伯特·梅纳德·赫钦斯(Robert Maynard Hutchins)在1936年就明确指出:"教育的目的是将人与人、现在与过

去联系起来，增进人类的思维。"教育的目的不只是知识的传授，更重要的是对学生思维的训练。因此，优秀传统文化教育的目的是使学生通过学习古代经典文化知识和一些特殊技艺技能，从而提高思维能力。

谈及传统文化和思维，不少学术研究者认为，中国人思维的弱点深受传统文化的影响。这种误解的根源不是传统文化中的思维弱势深刻影响后人的思维方式，而是后人没有全面认识我国传统文化的思维特点而深受影响。

以《易经》为例，是以 2 的 N 次幂展开解释整个世界的抽象的、数理逻辑思维和阴阳卦辞相结合的、具体的审美形象思维的完美结合，但是国人却把它当作算卦问卜的神秘之书，对其丰富内涵的解释也简单化为卦辞的直观解释，侧重继承它的直观、形象思维，并被中国几千年文化传承下来，深刻影响中国人的思维模式。一些西方科学家正确认识《易经》的逻辑思维，并取得重大科学发现。德国数学家戈特弗里德·威廉·莱布尼茨（Gottfreid Wilhelm Leibniz）在法国传教士白晋给他的回信中看到《易经》中八卦图的排列顺序与他的二进制计数法相同，为自己发现《易经》之谜而欣喜若狂，也更加肯定自己对二进制计数法的历史发现。诺贝尔物理学奖获得者、丹麦物理学家尼尔斯·玻尔（Niels Bohr）声称他的"并协原理"的创建，得益于阴阳相抱的周易太极论，他在《易经》和现代物理学之间发现二者的平行关系。

因此，优秀传统文化教育不仅是对文化内容的教育，更应该深刻、全面地挖掘文化内容背后隐含的思维方式，并对学生进行正确的思维训练，这才是优秀传统文化教育应该大有作为之处，也是优秀传统文化教育的真正价值所在。

第四章 优秀传统文化中的心理教育价值

优秀传统文化在教育中具有重要价值。优秀传统文化能够为心理健康教育提供丰富的教学内容,为教师提供新的教学思路,有效提高学生的学习效率和学习质量,促进学生的心理健康发展。本章分为优秀传统文化中的心理学思想、优秀传统文化与心理健康的关系、优秀传统文化中的情感教育价值三部分。

第一节 优秀传统文化中的心理学思想

一、优秀传统文化中的健康心理学思想

我国古代的健康心理学思想是循着两条途径而发展的:一条是哲学思想家的健康心理思想,另一条是医学思想家的健康心理思想。而儒家文化与道家文化共同构成了中国传统文化的主流。因此,前者主要以道、儒两家的哲学思想为代表,后者则主要体现在中医养生思想中。

(一)道家文化中的健康心理学思想

道家思想偏重对人与自然关系的思考,注重培养自然道德,主张顺应自然、超越世俗。其内涵深邃的人生哲学思想不但体现了现代健康心理学的研究内容,而且超越了这一学科本身对生命的关怀程度。

首先,生死——这个世人谁也逃避不了的人生大限,给人们带来了极大的不安与恐惧,以致损害了人的健康。道家却将此作为"自然之限",提出"以死生为一条"的观点,这种对"大归"的解读并非悲观消极,实则蕴含着对生命的积极的肯定。

其次,道家将"时与命"视为人生中的"社会之限",认为"死生、存亡、穷达、贫富、贤与不肖、毁誉、饥渴、寒暑,是事之变,命之行也","知穷之

有命,知通之有时"。道家告诉人们通过精神上的努力,对命运、时势采取顺应的态度,就不会因为富贵显达而欣喜若狂,也不会因为生不逢时而怨天尤人,从而获得心灵上的宁静与自由。

最后,人生旅途上还有一重"自我之限",即哀乐之情与名利之欲。庄子就人的情绪与情感,表达了"容动色理气意六者,谬心也;恶欲喜怒哀乐六者,累德也"的看法;在对待贵富名利上,老子的态度是"持而盈之,不如其已;揣而锐之,不可长保。金玉满堂,莫之能守。富贵而骄,自遗其咎。功遂身退,天之道也"。对于前者,道家希望人们能够在情志的困扰中超脱出来,做到"安时而处顺,哀乐不能入也";对于后者,道家开导人们荣华富贵、名利权势都是身外之物,要懂得"知足""知止"。

(二)儒家文化中的健康心理学思想

儒家思想偏重对人与人社会关系的思考,注重提高道德水平,"修身以道,修道以仁""知者乐,仁者寿"。可以说"仁者寿"是儒家养生思想的精髓,涵盖着多个方面的修身养性的要求,主要体现在以下两个方面。

①"仁者"胸怀坦荡,无私无畏,自谦贤达,追求道德上的最高境界,因而心情舒畅,容易长寿。"见贤思齐焉,见不贤而内自省也。"孔子认为把向人学习和内心自省结合起来,以提高自己的学识和修养。子曰:"君子不忧不惧。"这讲的是君子有仁爱之心,做事光明磊落,问心无愧,所以无所忧虑。以上圣人之言启示人们,只有提高个人道德修养,提高思想素质,才能不为个人利益患得患失,才能感受到"心底无私天地宽"。

②"仁者"不贪恋物欲享受,不见利忘义,不患得患失,不斤斤计较。"饭疏食饮水,曲肱而枕之,乐亦在其中矣。不义而富且贵,于我如浮云。"这反映了圣人安贫乐道的思想,坚决反对用不正当的手段获得富贵,认为君子无论怎样贫困,也不能做违背"道义"之事,而是始终坚守道德的最高标准——"仁"。因为君子的快乐与否不在于贫富,而在于能否得道。简言之,儒家的养生主要在于修身养德,发扬人性中的"善",从而达到健康长寿的目的。

(三)传统医学"治未病"的健康心理学思想

中国传统医学在吸收道、儒两家思想的基础上形成了独具中华民族特色的系统的养生思想。中医理论认为"未病先防""防胜于治",即身体在没病的时候就要及时预防,做到防患于未然、防病于未发。"圣人不治已病,治未病,不治已乱，治未乱，此之谓也。夫病已成而后药之，乱已成而后治之，譬犹渴而穿井，斗而铸锥，不亦晚乎？"这一观点秉承老子的哲学思想："其安易持，其未兆易谋，其脆易泮，其微易散。为之于未有，治之于未乱。"这其实是说如果不注意对疾病的预防，小病轻病可能变成大病重病，以致病入膏肓，不治而亡。所以说中医始终提倡预防胜过治疗，并且重视治病过程中的心理及环境因素对人的影响。其最主要和最终的思想不是治病，而是治人，以达到"圣人自治于未有形也"，促使人自我发展、自我实现，这与健康心理学所倡导的宗旨是不谋而合的。

二、优秀传统文化中蕴含的心理教育资源

中华优秀传统文化经过中华民族几千年来的变化与发展已经形成了庞大的体系，其中的儒家文化、道家文化、释家文化构成了中华优秀传统文化的基本体系。

儒家文化提倡自强不息，强调君子慎独，这种观点依然适合当代大学生。儒家文化提倡要有仁爱之心，这种将心比心的观点能够让大学生找到心理平衡点，能够帮助他们树立起正确的人生观，找到正确的处理问题的方式，有利于大学生处理人际关系、社会关系，使其更加积极乐观、斗志昂扬。道家文化提倡致虚守静，主张人们通过自己的静思来感悟生活中的点滴，进而提高自我意识。这种思想发展到如今，类似于当下使用的一种自我心理调适的方法，与瑜伽、冥想、静坐等方法类似，能够使人的心境平和。相比而言，佛家文化更加恬淡，佛家讲"境由心造"，认为心灵的感悟对心理健康起着重要作用。当代社会人们的物质化倾向严重，应充分发挥人的主观能动性，改变认知，提升内心修养，从而应对外在的压力，使人心态平和。

中华优秀传统文化历来关注人，尊重生命，注重探索人生的价值和德性修养问题，其探索的内容涵盖了人生价值、个体修养、道德理念等人生哲学的各个层面，由此形成了忧国忧民、自强不息、自尊自爱、修身养性、舍生取义、和而不同等积极向上的价值理念。可以说，中华优秀传统文化就是以人为核心的文化，以人的发展和完善为终极追求。

因此，传承和弘扬中华优秀传统文化，能够帮助大学生树立起正确的国家观、人生观、价值观、义利观，不但能提升其心理健康水平，而且对于推动社会主义核心价值观的内化与践行也大有益处。

第二节 优秀传统文化与心理健康的关系

一、优秀传统文化的心理健康教育价值

（一）优秀传统文化为心理健康教育提供理论支持

我国大学生心理健康教育以西方心理学为理论基础，虽然取得了丰硕的教育成果，但西方心理学所代表的文化思想并不完全适用于中国大学生。正如《近代心理学历史导引》中所提出的，西方心理学形成自西方国家的历史、经济、文化环境，这一环境并不同于我国。

事实上，社会历史的发展源于人的实践过程，在实践创造中所形成的文化能够通过民族、国家等形式，塑造出影响社会个体的共同人格。这就可以看出，社会的共同人格会对每个社会成员产生潜移默化的影响，从而形成自觉遵守社会规范的个性心理特征。而不同的文化环境能够形成不同的个性心理结构，人们的心理特征和行为特征会受所处的文化环境影响。虽然文化本身由人类的生产、生活活动所产生，但也反作用于人类的发展，使得不同国家、民族乃至不同地域的人都会产生不同的思维、心理和价值观念。

因此，在大学生心理健康教育中，虽然需要使用西方心理学理论，但不能全盘照搬，而是要将西方心理学与中国的文化环境和社会环境紧密结合，真正做到以中华优秀传统文化为体，以西方心理学理论为用，形成具有本土化特色的心理健康教育体系。这就需要充分利用优秀传统文化，发挥出优秀传统文化的文化价值和教育价值。

（二）优秀传统文化为心理健康教育提供资源支持

心理是社会文化的表现，受文化的制约。在心理学的研究中，需要与自身的文化背景紧密结合，发挥出文化对心理的积极作用。中华传统文化源远流长，朝代的更迭和各家学说的思想膨胀会产生独特的思想和哲学体系，并对不同时期人们的经济、政治、文化生活产生潜移默化的影响。虽然从心理学的角度来看，中华优秀传统文化并没有形成完整的学科体系，但其中丰富的相关心理学思想造就了独特的民族文化和价值观念。

从某种程度上而言，中华优秀传统文化能够帮助大学生调整自我心理状态，对促进大学生积极心理的形成和发展具有重要的现实意义。尤其是中华优秀传统文化中自我反思、不耻下问、天人合一、积极进取的思想，能够对大学生的思想和行为起到重要的影响。

因此，将优秀传统文化作为大学生心理健康教育的资源支持，既能够体现出文化与心理之间的紧密联系，帮助大学生形成文化自信，还能够为心理健康教育提供丰富的教育资源，帮助心理健康教育工作者拓宽教育思路。

二、优秀传统文化与心理健康的关系

（一）"和合"思想有助于建立和谐的人际关系

对于处于任何年龄段的人而言，处理好人际关系都是帮助自己快速立足的前提和基础。而谈到人际关系，其实就是人与人之间在社会生活的相互作用中发生的关系。简而言之，也就是人与人之间通过正常交往而产生的心理上的关系。一般来说，一个人如果能够与周围大多数人形成良好、亲密的人际关系，那么对于他的学习、生活等行为都是有利而无害的；但是，一个不和谐甚至敌对的人际关系，则会直接影响到他的学习、生活，甚至成为阻碍其进步的绊脚石。

"和合"一词最早出现在《国语》一文中，其中第一个"和"字具有和谐、和睦的含义，第二个"合"则具有融合、汇合之意。

"和合"思想具有十分悠久的思想渊源和文化传统，同时也是我国优秀传统文化的精髓所在。但是关于该思想内涵的探究，学术界始终存在几种不同的观点闪。第一，强调"兼和"。这里将兼、和、通、全四字认为具有相同的内涵与外延。第二，强调"和生"。这与钱耕森所提出的"和生学"不谋而合。第三，强调"和合"。认为万事万物当中都有"和合"现象的存在，并运用"和合"思想探究万物。第四，强调"和谐"。认为世人皆处于平等状态，没有高低贵贱之分，且人人和合。最后，通过综合几种不同的观点和看法不难看出，其中都强调了和谐人际关系的重要性，并歌颂了和睦相处的优良美德，而这种思想恰恰是当代青少年所欠缺的。

当代青少年由于缺少足够的社会经验和生活阅历，所以导致自我意识并不完善，甚至容易受到不良思想的诱导，进而形成以自我为中心的错误取向。而受这种错误取向的诱导，也就难以正确处理好生活中的各类人际关系，最终诱发各式各样的心理问题。

针对这种现象，我们可以将传统文化"和合"思想中蕴含的为人处世道理传授给青少年，并积极引导他们以正确的方法处理人际关系，强调和睦相处的重要性和必要性，从而使青少年在正确处理好自身人际关系的同时，获得身心健康发展。

（二）乐观精神有助于培育大学生积极的心态

积极的心态有利于身心健康，这是人们通过生活的实践都会感受到的。所谓"笑一笑十年少，愁一愁白了头"正说明积极的人生态度利于身心健康，而消极悲观的心态则有损身心健康。现代心理学的一个新发展就是出现了专门研究积极心理态度对人的身心影响的积极心理学。

积极心理学用科学的手段通过实验证明了那个古老的结论，那就是积极的心态能够给人带来好运，因为心态积极可以增强人体的免疫力，使人感到更多的快乐和幸福，使人更加精力充沛、头脑灵活，当然就会获得更多的人生机会。消极的心态损害人的身心健康，使人反应迟钝、免疫力下降。中华优秀传统文化有利于培养现代人积极的心态。

1. 培育理性平和的心态

积极的态度首先是一种理性的态度，而不是一种盲目的态度。积极的思维模式并不源于盲目乐观，而是植根于真理。只有理性认识事物的发展规律才能对未来抱有信心。中国传统的哲学是一种乐观哲学，为人们积极的心理提供了理性的支撑。中国传统辩证法认为，矛盾对立面总是相互转化的。《老子》说："反也者，道之动。"事物总是向前发展的，虽然会有曲折，有反复，但是向前发展的趋势是确定不变的，这就为积极心态提供了理性根源。所谓"沉舟侧畔千帆过，病树前头万木春。""艰难困苦，玉汝于成。"中国传统辩证法尤其注意从事物的对立转化来看待那些表面上看起来消极的事物，所谓"祸兮福所倚"，从祸患中看到福气，从困难中看到机遇，把本来是消极的事物从积极方面来理解，把坏的因素向好的方面转化。从另一方面来看，中国传统辩证法并不主张消极的态度，并不认为人应该消极地听从天命、忍受灾祸。相反中国传统哲学认为，消极的态度是源于对世界错误的认识，认为人应该积极面对生活。《论语·颜渊》说："为仁由己，而由人乎哉。"《易传》说："天行健，君子以自强不息。"即使主张清心寡欲的道家其目的并不是什么也不做，而是通过无为获得"无所不为"的效果。悲观哲学在中国传统文化里站不住脚，没有市场。

2. 引导积极的情绪

积极的理性认识还要转化为积极的情绪。积极的情绪也属于积极心态重要的一部分。积极的理性认识和积极的情绪并不能画等号，有时候一个人明明从理性上知道不应该消极，但是情绪上还是感觉到消极。比如，有的人面对一次面试失败，明明知道这再正常不过，而且面试的那个单位发展前途也一般，但仍然会感觉情绪低落。积极的情绪就是一种高昂的激情，不管面对什么样的困难都会充满热情，充满正能量。

中华优秀传统文化可以引导积极的情绪，通过升华的手段把不良的情绪发泄出来。比如，古代文人遇到悲伤的事情就挥笔抒写心中的不快，如唐代知名书法家张旭"有动于心，必于草书焉发之"。把负面情绪排除出去了，积极的情绪就容易产生了。这种艺术化的方式同时也是对负能量的一次升华，将其转化为艺术创作的推动力，于是消极的情绪反而变成了具有积极意义的艺术创作的心理能量。

3. 激发积极的行动

心理问题很多都是因为现实生活的不如意产生的，只有通过行动改变不如意的现状才能获得心理平衡。行为主义心理学强调通过积极的手段解决现实问题来化解心理问题。行动会产生力量，行动会激发人的心理能量。中华优秀传统文化能够激发人们解决问题的行动力。司马迁指出："盖文王拘而演《周易》；仲尼厄而作《春秋》；屈原放逐，乃赋《离骚》；左丘失明，厥有《国语》；孙子膑脚，《兵法》修列；不韦迁蜀，世传《吕览》；韩非囚秦，《说难》《孤愤》；《诗》三百篇，大底圣贤发愤之所为作也"。这些伟大的历史人物在极端绝望的情况下仍然采取积极的行动，在困境中磨砺自己，取得成功。中华优秀传统文化充满了积极行动的正能量。

（三）自强不息精神有助于增强抗挫折能力

每个人对于自己的人生都有不同的追求与渴望，但是现实与理想之间的差距，却每每让人望而却步。每个人在朝着理想而前进时，可能都会遇到阻碍，而这些阻碍也就是我们常说的挫折。挫折往往因人、因事而异，但是无论怎样的挫折，如果处理不当，都会对人的身心发展产生极为严重的影响。因此，为了避免人们在遭受挫折时一蹶不振，我们有必要将培养和提高学生的抵抗挫折的能力，作为心理健康教育的一项重要内容。

我国古代大批文人志士都在诗句或词篇中表达了有关自强不息的进取精神，

这代表着我国文化的独特魅力，同时也是对我国古代哲学的生动阐述与表达。因此，从事心理健康方面的教育工作者在开展相关教育活动时，要将我国优秀传统文化中蕴含的相关精神传达给每位学生，这样才能使他们在面对困难和挫折时，始终保持坚定的信念，并以此来提高他们的素质。通过这种方式，学生也可以真正意识到，只有自强不息、积极进取的人才，能够通过不懈的努力，收获成功的喜悦。

三、优秀传统文化与心理健康的结合路径

（一）以传统文化为基石

传统文化作为中华民族宝贵的精神财富，是中华民族在伟大复兴历程中的重要元素，以传统文化为基石，提高学生的自我意识，能让学生学习传统文化中的高尚精神，培养顽强不屈的精神，可以提高学生的思想道德素质。

传统文化的精髓是孝、悌、忠、信、礼、义、廉、耻，学生可以在学习传统文化的过程中树立积极的思想价值观念及正确的道德观念，在生活、学习及未来工作中不再以自我为中心参与社会活动，而是顺应环境，有效地了解自己的个性特点，激发自身的潜在品质。传统文化中有许多名言警句，可以使学生在学习过程中无意识地评价自己的个性品质。

学生在成长过程中，自尊心会越来越强烈，对外界事物越发敏感，而且容易受到挫折的影响，被动发展。传统文化既有历史的经验和教训，又有奋斗不息、积极向上、饱含智慧的人生经验；既可以让学生冷静、理智地看待现实，又能让学生积极接纳自我，并结合传统文化改善自我。

1.营造传统文化心理健康教育氛围

在传统文化与心理健康教育的结合过程中，教师可以营造传统文化的氛围，在强有力的氛围的感染下，让学生了解自己、认识自己，获得心理的健康发展。传统文化中的中庸之道、守诚信、崇正义等都是营造传统文化心理健康教育浓厚氛围的元素。

因此，教师可以在校园文化、班级文化中加入传统文化，通过开展主题班会等学习活动，让学生在与他人的交往过程中全面认识自己。教师可以在日常生活中通过黑板报、班级制度、学校活动等宣传传统文化，在营造传统文化氛围的过程中充实教育教学活动的内容。学生既能从传统文化中排遣寂寞，又能从传统文

化中理智地看待现实，培养其顽强的毅力。

2. 开展传统文化实践活动

在开展心理教育的过程中，教师可以组建有关传统文化的实践活动，通过实践活动让学生改善自我。例如，教师可以在日常生活中组织学生搜集有关传统文化的资料，带领学生参观有关传统文化的景点，一边为学生介绍传统文化知识，一边让学生根据历史看待现实，多角度看待自己的长处和短处，在接纳自己的过程中学习传统文化中的思想，充分发挥自己的潜能，进行自我调控和自我教育。

（二）以历史文化为精神动力

1. 抓住第一课堂

心理健康教育最终需要归结到课堂，而教师可以正确利用历史文化，将课堂打造成具有文化内涵、文化深度的场所，让学生在系统的教育过程中，获得全面发展。

在以往的心理健康教育课堂中，教师大多以单一的传授或讲解为主。教师可以抓好第一课堂教育，构建学校、家长、学生三方面的信息交流平台。在信息交流平台中共享中华优秀传统文化，让学生感受国学，学习先人的优秀品质，摆脱自身的心理困扰。

2. 开展丰富多彩的实践活动

心理健康的理论同历史文化知识一样内容比较多，应用起来比较复杂，因此教师可以结合实践，根据学生的心理健康状况，有针对性地对学生进行指导。

同时，教师还可以开展中华传统经典朗诵、中华传统经典征文、诗词大会等活动，通过开展各种各样的实践活动，让学生体会传统文化的魅力，在体会传统文化的过程中学习传统文化的精神，继承传统文化，在激发自身兴趣的同时培养坚定的理想信念。

（三）以民族文化为延伸

1. 构建第二课堂

在利用民族文化对学生进行心理健康教育的过程中，教师可以以民族文化为延伸，将心理健康教育的知识点与民族文化的知识点相融合，让学生知晓各民族的生活特点，了解各民族的内在精神、信仰与传统。

另外，在构建第二课堂的过程中，教师可以利用线上和线下教学平台结合的方式，在线上让学生收集民族传统、民族服饰，并总结得出民族的内在精神；在线下根据民族文化的小故事，引导学生以宽容、友善的态度进行人际交往。

2. 日常生活的渗透

教师在日常生活中可以用民族文化的风土人情、小知识、小故事等解答学生的疑问，让学生形成有主见、有个性的人格，能坚定不移地做某件事情。教师还可以将民族文化作为心理健康教育的案例，在丰富学生精神生活的同时，让学生接纳自己，帮助学生树立乐观、积极向上的思想价值观念。

第三节 优秀传统文化中的情感教育价值

一、优秀传统文化中的重情精神有利于认识情感的价值

情感教育，首先要教人正确认识情感，确立对待情感的正确态度，而不是玩弄情感。不论是"情不知所起，一往而深；生者可以死，死可以生"，还是"问世间情为何物，直教人生死相许"，都体现出中国古人对待情感的一种敬畏。情感直接与生命相联系，是生命的表现方式和存在形式。生命因为有情感的体验而神圣，情感以生命为自己的工具。

（一）情感活动体现了人的本质

早在先秦时期，中国古人就认识到"情"的重要意义。儒家圣人孔夫子就十分重视情感的作用，把情感活动看成人的具有本质性的活动。《论语·颜渊》记载："樊迟问仁。子曰：'爱人。'问知。子曰：'知人。'"仁是孔子对人性的定义。可见在孔子的思想世界里，人的最本真的存在就是真情实感。所谓真情就是发自内心的，毫无掩饰和伪装的真实情感；所谓实感就是实有所感，真实存在的，不是虚幻的或凭空想象的。孔子发现了人，肯定了人类情感的正当合理性。《郭店楚墓竹简·性自命出》记载："凡人情为可悦也。苟以其情，虽过不恶；不以其情，虽难不贵。苟有其情，虽未之为，斯人信之矣。未言而信，有美情者也。"中国传统文化的"贵情"观念，首先表现在对人的情感的重视上。《周易》

指出："吉凶以情迁，是故爱恶相攻而吉凶生。"情感是吉凶互相转化的内在根据。孔子说："唯仁者，能好人，能恶人。"以"爱"与"恶"两种情感来定义"仁"，要做一个仁者必须处理好这两种情感的趋向。

（二）情感是人类活动的驱动力

情感对人具有重要的驱动作用。孟子指出："天将降大任于斯人也，必先苦其心志，劳其筋骨，饿其体肤，空乏其身，行拂乱其所为，所以动心忍性，曾益其所不能。"在孟子看来，对于情感的磨炼是一个人获得事业上巨大成功的前提，只有磨炼情感，动心忍性，一个人的事业才能取得飞跃性进展。人性通常是懒惰的、保守的、好逸恶劳的，但是通过情感磨炼，就会变得锐意进取。韩非子说："慈于子者不敢绝衣食，慈于身者不敢离法度，慈于方圆者不敢舍规矩。"慈爱是一种情感，它推动人们去采取某些行动。如果人们没有情感的需要，那么就不利于统治。

（三）情感具有相对独立性

情感具有独立性，不能为人所伪造。庄子提出"真情说"，高度倡导人们应该尊重情感，而不能因为外界的种种牵绊而扭曲自己的真实情感体验。庄子说："真者，精诚之至也。不精不诚，不能动人。故强哭者，虽悲不哀；强怒者，虽严不威；强亲者，虽笑不和。真悲无声而哀，真怒未发而威，真亲未笑而和。真在内者，神动于外，是所以贵真也。"

真诚的情感是一种巨大的感人力量，所谓精诚所至，金石为开。缺乏真诚的情感，就什么也做不成功。《淮南子》继承了庄子的这一重要思想。《淮南子·齐俗训》说："且喜怒哀乐，有感而自然者也。故哭之发于口，涕之出于目，此皆愤于中而形于外者也。譬若水之下流，烟之上寻也。夫有孰推之者！故强哭者虽病不哀，强亲者虽笑不和。"情感的神圣性正在于此，人不能控制情感的产生和发展，而只能引导。情感的产生是自然而然的，"强"之则不灵。情感的作用很多时候大于财富、权威。

二、优秀传统文化中的人文精神有利于提升情感的境界

（一）启发生命的价值感

生命的意义感首先来源于生命的价值感。如何认识生命本身是一个重要课

题，如果把生命看成一种纯粹的自然过程、把人体看成一种机器固然不能说完全没有道理，但是显得太呆板，把生命价值看得太低，对于人的尊严未免是一种极大的贬损，不利于心理健康。

研究表明，那些采取极端手段结束自己生命的人，大都感觉人生没有意义，他们已经失去了人生的价值感，觉得人生无可留恋。如果把人看成一具肉体，人生就是为了吃喝玩乐满足肉体需要，那么很容易感觉到人生的无价值，因为人的肉体欲望是无限的，由于个人和社会的种种原因，人的肉体欲望大多时候受到限制得不到满足，用弗洛伊德的语言来讲就是"本我"受到抑制。

中华优秀传统文化可以给人一种生命的价值感。首先是正确认识生命，人为万物之灵，人的生命很宝贵，所以要珍惜生命。《圣经》认为人体是按照上帝的模样造成的，所以具有神圣性，这是西方人对于生命神圣性的说明。而中国人认为"天人合一"，生命来源于天地，天人同构，天是生命价值的来源。人的生命是秉承天命而来因而具有神圣性，要完成天命赋予的责任。对生命神圣感有所体会的人就会感到生命是有价值的，对生命有高度的认同。传统文化中的"人贵论"对于认识生命的价值、人生的价值极有启发性。

（二）启迪对真善美的追求

对真善美的追求同样能带来生命的意义感。文学家、音乐家、美术家沉浸在对美的追求里，科学家陶醉于真理的世界里，宗教家为至高至善感到兴奋，这些对真善美的追寻会让人感到人生有无限的乐趣。人生在世，总要有一点精神追求，才不算白活。

中华优秀传统文化里有许多追求真善美的榜样，他们并不在虚无中度过人生，而是在追寻真善美的过程中享受人生，实现人生的价值。孔子发愤向学、乐以忘忧是求真求善的表率。王羲之、怀素等人毕生研究书法，忧乐以系之，其求美之心无以过之。真善美是中华民族一以贯之的精神追求。

1. 导真

中国古人认为，真情实感是一种感人的力量，虚伪造作不可能打动人心。前面已经讲到，庄子提出，情感必须真实，这是情感力量的源泉。事实上，在古代文化中，对于真情实感的论述很多。孔子说："匿怨而友其人，左丘明耻之，丘亦耻之。"在孔子看来，有什么样的真实情感就应该坦坦荡荡地表达，而不是隐匿，隐匿自己的真情实感是一种可耻的行为。孟子提出："富贵不能淫，贫贱不能移，威武不能屈。"孟子主张一种"大丈夫"精神，不论得意与否都不改变自己善良的本心，也就是保持自己情感的独立性，不为富贵、贫贱、权势所干扰。道家思想以求真相标榜，影响深远。道家理想中的"真人"，就是不矫揉造作的人。从真人的角度出发，道教批判人世间种种虚伪的行为。

2. 向善

中国古人认为，情感是美好的，是值得拥有的，因为人本身就是具有善良本性的。孔子曰："我欲仁，斯仁至矣。"在孔子看来，人具有选择"仁"的能力。孟子继承发扬了这一思想，明确指出，人本身具有善端，扩充之，人即可为善人、仁人。孟子曰："可欲之谓善。"根据李景林的研究，"四善端"及其所表征的"仁义礼智"诸德即孟子"可欲之谓善"的内容。孔孟都鼓励人们发掘情感之中的善良本性，这也造成了几千年来中华民族"温、良、恭、俭、让"的民族品格。劝善是中国传统文化的重要内容和重要特点。

相对而言，中国人更会认同"善是历史的动力"这一观点。除了儒家认为人具有善良的本性，道家、佛家莫不如此。明清以来，道家的以劝善为主要内容的善书流布天下。佛家认为"人人皆有佛性""人人皆可成佛""放下屠刀立地成佛"，这些观点无不是劝人向善，并认为向善是容易达到的、可以快速达成的，从而对于人们保持良善具有巨大的鼓励作用。

3. 爱美

情感之美是中国古人不懈的追求。中国有良好的美育传统，儒家六艺中的"乐"包含丰富的美育内容。儒家圣人孔子的美学修养极高，并以美育人。《论语·述而》记载："子在齐闻《韶》，三月不知肉味，曰：'不图为乐之至于斯也。'"孔子从音乐中得到美的享受。孔子听到人家歌唱得好还会主动向人家学习唱歌。孔子以"诗"教育学生、教育子弟。《论语·季氏》记载："尝独立，鲤趋而过庭。曰：'学诗乎？'对曰：'未也。''不学诗，无以言。'鲤退而学诗。"在孔子看来，一个人不学习诗歌就会言语粗鲁，无法立足社会。受儒家传统思想的影响，古代中国各种艺术十分发达，人人都可以得到美的体验。贫困的士子可以享受书法艺术，农民可以享受自然之美、人情之美、劳作之美。中国是一个爱美的国度，生活的方方面面都与美相联系。吃，讲究的是色香味俱全。穿，色彩斑斓。住，有巍峨的宫殿、古朴的民居，中国传统建筑之美有目共睹。可见，美的精神渗透到中华民族的血液里。今天发扬中华民族爱美的传统，对于体会情感之美大有裨益。

三、优秀传统文化中的理性精神有利于摆脱情感的羁绊

（一）调节情绪

中国古人主张调节情绪，而非任其泛滥。情感是一股巨大的力量，如果不能受到合理的引导，就会如洪水泛滥成灾。孔子倡导情感的"中和"之美，认为《关雎》做到了"乐而不淫，哀而不伤"。因为《关雎》中表现的男女情感，皆发乎情，止乎礼，处于社会的规范中。孔子又提出："知者不惑，仁者不忧，勇者不惧。"仁德之人就应当做到没有忧虑。勇敢之人就应当做到没有恐惧，因为使我们恐惧的正是恐惧本身，有什么可恐惧的呢？墨子认为，情感需要由仁义引导。墨子说："必去六辟。默则思，言则诲，动则事，使三者代御，必为圣人。必去喜，去怒，去乐，去悲，去爱，而用仁义。手足口鼻耳，从事于义，必为圣人。"对于外界的不良刺激，我们要采取一种无动于衷的感情。孔子有云："小不忍则乱大谋。"学会忍耐节制，就不会因为感情冲动而犯错误。"人情有所不能忍者，匹夫见辱，拔剑而起，挺身而斗，此不足为勇也。天下有大勇者，卒然临之而不惊，无故加之而不怒。此其所挟持者甚大，而其志甚远也。"大智大勇的圣人能够控制自己的情感，所以才能成就伟大的事业。

（二）培养感情

中国古人认为，作为一种社会的产物，人类的感情需要培养。荀子说："礼义文理之所以养情也。"如果不能用义理去培养感情，就会让感情受到不良的影响。除了义与理之外，乐也是培养感情的重要手段。荀子说："夫民有好恶之情，而无喜怒之应则乱。先王恶其乱也，故修其行，正其乐。"《淮南子》提出"顺情"的主张，对于感情要用疏导的办法。"是故圣人法天顺情，不拘于俗，不诱于人，以天为父，以地为母，阴阳为纲，四时为纪。"王安石提出性与情合一的观点，认为养性就是养情，养情同时也是养性。"喜、怒、哀、乐、好、恶、欲未发于外而存于心，性也；喜、怒、哀、乐、好、恶、欲发于外而见于行，情也。性者情之本，情者性之用。吾故曰性情一也。……故此七者，人生而有之，接于物而后动焉。动而当于理，则圣也、贤也；不当于理，则小人也。……盖君子养性之善，故情亦善；小人养性之恶，故情亦恶。"人天生就具有喜、怒、哀、乐、好、恶、欲七种感情，关键在于感情的发泄方式、表现形式是否合理，是否受到理性的控制，这是善情与恶情的区分点。

第五章 优秀传统文化中的德育价值

中华文明源远流长,优秀传统文化对当今社会主义文化建设具有借鉴意义。将优秀传统文化的合理部分与高校德育工作相结合,为高校德育提供有效的教育方法,有助于广大青年成长成才,有益于在潜移默化中实现德育目标,为德育提供教育素材,增强高校德育工作的实效性。本章分为优秀传统文化中的德育思想、优秀传统文化中的德育资源、优秀传统文化中德育价值的实现三部分。

第一节 优秀传统文化中的德育思想

一、优秀传统文化与德育的内在联系

中华民族在长期的历史实践中创造出来的优秀传统文化是中国特色社会主义文化的重要源泉。习近平新时代中国特色社会主义思想强调要坚持中国特色社会主义文化发展道路,激发全民族创新创造活力,努力建设社会主义文化强国。推动中华优秀传统文化的创造性转化,将其中孕育的文化精粹为时代所用是当前学校德育工作的重要课题。

中华优秀传统文化具有兼容并包的强大生命力,在历史发展的进程中,中华文化不断吸收外来优秀文化,博采众长,逐步形成了"美美与共"的和谐氛围。文化说到底就是"以文化人、以文育人",实现个体从自然人到社会人的转变。德育的根本目的也在于实现人性的"回归",同时道德本身就是一种文化的外显,从这个意义上讲文化与德育具有内在的逻辑联系。

(一)德育具有内在的文化属性

德育工作是教育工作者营造适合德育对象健康成长的环境,促使他们在实践

能力等方面不断提升的教育活动。简言之，德育是促使个体自主建构的价值引导活动。因此，从某种意义上讲，德育不仅仅指一种由外而内向德育对象施加影响的过程，同时也是个体自身自主自觉地进行价值建构的一种方式，是外因与内因共同作用的结果。

德育涵盖道德观念、行为规范、伦理准则等意识层面的教育，从而指导具体的行为实践。我们通常所说的"文化"概念内涵非常丰富，广义上的文化是指人类社会实践过程中所创造的物质财富和精神财富的总和，而狭义上的文化一般是指精神产品。由此看来，文化具有宽泛的外延，其中包括德育。

文化的一个重要作用便是"化人"，使人成为"文明人"，而这一目的也正是德育的最终目的，由此而言，德育具有内在的文化属性。同时，通过德育这个载体不仅能实现文化的传承与发扬，而且能规范人的行为，使其能够适应社会发展的需要。德育的这种功能可以进一步提升德育对象的文化认同，对于文化的传播与发展具有一定的促进作用，从而达到文化自觉与文化自信的效果。因此，从某种意义上说，德育本身就具有文化价值。

（二）德育价值内化于优秀传统文化中

广义上的德育主要包括道德教育、政治教育、思想教育、心理教育、法制教育这几个方面，而狭义上的德育仅指道德教育，在此取德育的广义内涵。中华优秀传统文化巨大的包容性铸就了其丰富的内涵，能为丰富德育资源提供借鉴。

儒家文化作为中华优秀传统文化的重要组成部分，是传统德育学说的主干。儒学作为延续了几千年的主流文化，其中所蕴含的价值观念、伦理道德至今仍有重要的影响。比如，"仁"是儒家思想的核心，主张"己所不欲，勿施于人""推己及人"的仁爱精神，提倡"修身齐家治国平天下"的家国情怀，宣扬"尊师爱生"的优良传统、"因材施教""身体力行"的教育方法，等等，这些对于当今德育内容的丰富与德育方法的创新具有重要的借鉴意义。

（三）德育是弘扬优秀传统文化的内在依托

中华优秀传统文化孕育了丰富的德育资源，德育不仅是传统文化的重要组成部分，更是弘扬传统文化的内在依托。从根本上说，传统文化是德育的母体，德育是传统文化的产物；文化是德育的内核，德育也具有文化的属性。德育在实施过程中，无疑是对传统文化的发展和弘扬。

1. 发挥文化引导作用

方向性是根本的问题，优秀传统文化亦是如此，缺少正确方向的引导，优秀传统文化的发展便会误入歧途。文化的核心是价值观，而价值观的引导正是德育的重要内容。德育在本质上是一种价值导向的教育活动，它汲取优秀传统文化中的思想精华和道德精髓作为自身的内容体系，又提供符合社会发展方向的思想观念和道德规范，从而引导社会的价值走向，树立核心价值观。为德育所吸收并被其所倡导的文化，往往是一个社会的主流文化，它的发展走向也往往反映着一个社会群体的价值取向。因而，德育提供的核心价值观和主流文化，不仅是对个人和社会发展的引领，更是传统文化发展的向导。

2. 进行文化传承

习近平在纪念孔子诞辰2565周年国际学术研讨会暨国际儒学联合会第五届会员大会开幕会上强调："不忘历史才能开辟未来，善于继承才能善于创新。"文化传承是对优秀传统文化的传播和继承，并在新的时代背景下予以发展和创新。优秀传统文化是一个国家的根本，更是一个民族的精神命脉，一个智慧的民族是不会舍弃其优秀传统文化的。自古至今，德育都扮演着文化使者的角色，担负着文化传承的使命。从上古时期儒学的道德教化思想，到今天社会主义核心价值观的培育和践行，无一不是对历代优秀传统文化的传承和创新。在人类历史的长河中，正是德育才使优秀传统文化得以代代相传，其文化传承的重要作用无疑也不可替代。

3. 促进文化认同

文化认同是人们在一个民族共同体中长期共同生活所形成的对本民族文化的肯定性体认，其核心是对一个民族的基本价值的认同，文化认同是增强民族凝聚力的精神纽带，是民族共同体生命延续的精神基因。

独特的历史命运造就了独特的传统文化，也塑造了独特的中华民族。历史证明，中华民族是一个智慧的民族、文化的民族和热爱传统的民族。历史也不断地演绎着一段段爱国史、民族史和奋斗史。这所有都源自人们对本民族文化的认同和肯定，从而使人们接受文化化人的影响，进而塑造了今天的中华民族。而德育也无疑是达成这种文化认同的桥梁，其以文化为载体进行的思想道德教育、情感培养等无一不是促进文化认同的方式。

二、优秀传统文化中的德育思想

（一）厚德载物

传统中国的价值取向主要有崇古、唯上、忠君、道义。其出发点和落脚点都是"厚德载物"。在传统中国社会中，无论是思想家，还是普通士大夫以及庶民百姓，普遍有一种深沉的历史责任感。他们信奉学以致用的原则，对社会政治生活有一种强烈的参与意识。

修身、齐家、治国、平天下是他们思想的主要内容，是达到内圣外王的理想境界的途径。通过从小到大，从个体到整体，从主体修养到社会生活的路径，实现匡时济世的抱负。其中，修身是齐家、治国、平天下的前提和基础。舍弃或者忽视这一点，便一事无成。通过"吾日三省吾身"式的主体自我反省，人们就可培养"浩然之气"，消除杂念。能杀身以成仁，不害仁以求生，便是"志士仁人"。能做到"富贵不能淫，贫贱不能移，威武不能屈"，便是"大丈夫"，这显然以道德为价值取向。

以道德为价值取向的集中表现，是人们对"止于至善"的执着追求。《论语》要求人们"笃信好学，守死善道"。《大学》中提到"三纲八目"。三纲是"明明德、亲民、止于至善"。其出发点是"德"，落脚点是"善"。八目则是要求人们在这一伦理框架中，修养身心，实现内圣，进而达到外王。由于"三纲八目"既是修身之道，又是治人之理，更是入仕之途。所以，每个人都要亲身实践，时时想到怎样做人，以协调人际关系。通过对"止于至善"的追求，更好地处理个体与群体、群体与社会的关系。否则，便不能安身立命，更无从立德、立功、立言。这种"做人"的心理，使每个人努力反省自己。由于儒、佛、道的宣传和实践，中华民族执着追求于善，丰富了民族精神的内涵。

（二）善假于物

传统中国的理想人格和价值取向，作为一种文化构成，经过长期的积淀，最终转化为异于其他族类的社会心理——求善。

由于求善成了普遍的社会心理，故人们立身行事，特别注意名声。统治者的思想容易被人们接受，很大程度上在于利用了人们喜欢博取名声的心理。理学家们"存天理，灭人欲"的说教能在后期封建社会中成为一般人所认同的生活准则，就在于人们重名声。寡妇宁可饿死也不改嫁，以及难以计数的孝子、忠臣、节妇、烈女的出现，从心理学角度看，无不与注重名声的社会心理相关。对于名声的追求，其正面的积极表现，便是儒家"立德、立功、立言"的思想。"太上有立德，其次有立功，其次有立言，虽久不废，此之谓不朽。"

活着要有所建树，首先在于有良好的品德，其次才是建立功业。正面追求名声的消极表现，便是陶渊明式的"不为五斗米折腰"。其实，魏晋时期玄学家提出"名教即自然"的命题，就是为了既不放弃舒适的物质享受，又能保住名声而想出的万全之策。正是在这种以道德完善为人生追求，以博取好名声为心理满足的文化背景下，中国人宁可身败而不愿名裂。而这名又不是为名而名，而是与特定的道德标准和价值观念相联系的。

作为传统社会心理的一个重要内容和表现，中国人对善的追求和对名声的维护，具有两重性的作用。一方面，它使人们在价值观念上相互认同，成为民族文化的一种凝聚力；使中国人重气节、讲操行的品德特别突出，在客观上孕育出了一些品德高尚的人士。另一方面，它压抑了人们的物质欲望，使自我抑制的心理成为民族文化不可忽视的内容，从而妨碍了健康心理的发展。

（三）天下为公

中国社会在很长时期内是一个以血缘为纽带、以家族为本位的社会，强调个人利益和家庭利益应当服从国家和民族的利益。"天下为公""修身、治国、平天下"被历代传统德育视为"大节"，也是封建人伦系统的最高目标层次。为了国家和民族，一个有道德的人应当"杀身成仁""舍生取义""尽忠保国""先公后私""一心为公"，这样才能成为人们尊奉的道德楷模。正是在爱国主义教育的熏陶下，才有西汉贾谊的"国而忘家，公而忘私"，三国诸葛亮的"鞠躬尽瘁，死而后已"，北宋范仲淹的"先天下之忧而忧，后天下之乐而乐"，南宋文天祥的"人生自古谁无死，留取丹心照汗青"，顾炎武的"天下兴亡，匹夫有责"，林则徐的"苟利国家生死以，岂因祸福避趋之"的崇高理想和追求。爱国主义是中华民族发展的内驱力，是中华传统文化之魂，根深蒂固地植根于人民心中，成为道义上的一种伟大的凝聚力、向心力，对维护中华民族的完整统一起到了重要作用，也是推动中华民族发展的巨大精神力量。

（四）先义后利

所谓义，就是道义、正义，或社会、国家的整体利益；所谓利，就是个人的名誉、地位、权利、金钱等个人私利。如何处理义与利之间的关系是道德中的一个永恒话题。中华传统道德是一种重义的道德。在公私、人我关系上，强调舍己从人、先人后己、克己奉公；表现在义利关系上，则是"义以为上"。传统的义利观尽管有整体至上主义的倾向，但并不反对私利，基调与主流还是"先义后利""见利思义"。孔子就主张"因民之所利而利之""义然后取"，反对的只是见利忘义。既尚义，又求利，在不损害社会、集体利益的前提下，追求个人合法权益，做到利己又不损人，这正是市场经济条件下应当提倡的义利观。

（五）注重人伦

中国古代十分重视"明人伦"，所谓"人伦"，就是人与人之间的关系以及所应遵守的行为规范。孟子提倡"五伦"：父子有亲，君臣有义，夫妇有别，长幼有序，朋友有信。肯定生活在社会上处于一定社会关系中的人，有自己的义务和相应的行为准则。由于人所处的场合不同，扮演的角色不同，人伦关系不同，因而承担的道德义务也就各不相同。通过"明人伦"，确定个人在不同关系中的道德义务，对于完善自我、稳定社会意义重大。在人伦要求中，儒家尤重"父慈子孝"，孝顺父母被看成道德的根本和教化的出发点。父母与子女是亲子关系，父母有爱护、抚养子女的职责；子女也有赡养、孝敬父母的义务。孔子强调对父母不但要"养"，更要"敬"，不但要承顺父母之心，对于父母有过错的，也应该委婉地指出。与后来被扭曲的"愚孝"根本不同。弘扬家庭美德，提倡"孝敬父母"，有助于在全社会形成养老、尊老、敬老的道德风尚。

（六）知行统一

在树立起崇高的道德理想，即树立起君子、贤人、圣人的理想人格后，更重要的是养心修身，以实现这一理想。

首先，中国传统道德思想，特别强调"为仁由己"的道德主体的能动精神。孔子说，"我欲仁，斯仁至矣"，"有能一日用其力于仁矣乎？我未见力不足者"。在能否成为道德高尚的圣人的问题上，孟子反对"自暴自弃"，认为"人皆可以为尧舜"。荀子强调社会教育和个人的自觉，认为"涂之人可以为禹"，强调一个人只要立志向善，就一定可以成为一个道德高尚的人。

其次，中国传统伦理道德，尤重"知"和"行"的统一。一个人仅仅懂得了应当怎样做人，并不算是有道德。只有身体力行，才算真有道德。王阳明强调"知行合一"，认为"称某人知孝、某人知弟，必是其人已经行孝行弟"，如果只是说些应当孝顺的话而"不肯着实躬行"，就不可能称为"知孝"。为了达到知和行的统一，必须加强道德主体对自身道德的培养。"吾日三省吾身""三人行，必有我师""见贤思齐，见不贤而内自省""业精于勤荒于嬉，行成于思毁于随""兼听则明，偏听则暗""非我而当者，吾师也""谄谀我者，吾贼也""君子之过也，如日月之食焉。过也，人皆见之；更也，人皆仰之"。这些流传很广、脍炙人口的格言，都同道德的培养有着密切关系。中国传统道德强调"良心"在择善去恶中的作用，认为能否"慎独"是能否提高道德素质的关键。

"道德"从其本质的意义来看，应当是人们自觉的行为。只有借助人们的道德觉悟，道德对人们的规范作用才会真正成为不受外界制约的自愿的行为，道德的社会作用才能充分地发挥出来。

（七）重整体、倡协同

在以"君子"为理想人格追求的传统社会中，"止于至善"是人们立身行事的理想境界，而以"八目"为道德实践的基本内容的主体修养者，被各种制度和规范制约着，扮演着以履行义务为主的角色。所以，传统中国社会特别看重整体，注重关系。

从政治上看，封建社会政治结构是以专制君主为中心，为专制王权服务的。人人必须服从封建统治。绝对维护王权的内在要求，以"大一统"为政治观念的核心。正是由于个体小农经济的分散落后，所以政治上的大一统呼声才特别强烈。如果没有大一统局面，没有国家政权的组织、协调和调动众多人力物力，那是根本不能建成古代大型水利工程的。

当然，更为根本的是，统治者力倡大一统，是通过强调全国上下群体利益的一致性，来维护天下一统的局面，或收复沦于他人之手的江山的。因此，大一统是历史发展的常规，是"天地之常经，古今之通谊也"。无论知识分子还是庶民百姓，都以天下一统为乐，以江山分裂为忧。维护统一成了民族大义，分裂割据成了国耻民忧。于是，为了维护天下一统这个最大的群体利益，人们不惜牺牲自己的生命。从思想上看，以儒家为主流的传统思想，以维护社会安定、群体和谐为宗旨。他们以群体利益为个体利益的参照系，要求每个社会成员提升思想境界，融个体于整体之中，个体的欲望和价值以群体的欲望和价值为转移。以天下为己任也好，以道事君也好，都是以其所认定的整个族类这一群体为价值取向的。这又与儒家天人合一的整体思维密切关联。由于儒家强调人与自然、社会的统一，因而人的价值变成以维护社会整体利益为特征的自我道德价值，提倡人格的自我完善。以"吾日三省吾身"为典型方式的自我反省的思维方式，便归结为道德境界的自我升华。这种"自省"是以服从社会整体利益为价值取向的。即使是重视个人物欲、承认利害争斗的合理性的法家，最终仍主张个体向群体屈从，个体必须融入君主专制这一代表整个地主阶级利益的群体结构中。

从历史唯物主义的角度来看，在宗法制和小农经济的条件下，不可能产生群体必须满足"人的自由的全面发展"的观念，个体的全体创造性、独立性和自尊感不可能受到高度重视。传统价值取向孕育出的社会心理，使维护群体利益，调节人与人、人与社会的关系，成为人们的思考重心。对于个人来说，只有克制身心，服从群体，才能融于世俗。群体拥有巨大的道德政治权利，个体则只享有道德政治义务。而且，这种权利与义务关系的不协调，最终是以个体欲望的自我克制而得到解决的。这种状况，对于个人自由全面的发展，对于自信、热情、进取等精神品质的形成，特别是对于独立的个性的形成起到消极作用。但是，这并不意味着重群体、讲关系的传统心理起不到积极作用。从社会性角度考察，可以看到，人是社会群体中的人。只有在社会群体中，个人的才智才会得到全面发展，个人的价值才会得以充分实现。从历史上看，正是重群体、讲关系的传统心理，使中华民族的精神力量凝为一体，使中华民族这个大群体得以稳定发展并壮大。

第二节 优秀传统文化中的德育资源

一、优秀传统文化中的德育内容

（一）注重礼仪

所谓"礼"是在历史发展的过程中逐步形成的价值观、道德观以及典章制度和行为方式等。"礼"的作用是维护社会的等级秩序。仪指的是各种仪式。在现代人们的思想观念中，"礼"主要是指在交流过程中的礼节以及各种在正式场合举行的仪式。所以在某种程度上，我们可以把礼和仪理解为同样一种意思。礼仪是道德的内在表现和外在自控，礼仪与道德教育有密切关系，对于规范人的行为准则，提高人的道德修养，有着重要意义。

（二）和谐理念

在优秀传统文化的体系中，传统节日占据了十分重要的地位。这些节日充分展示了民族的特色文化，并且可以对人民群众进行道德方面的引导。民族的传统节日主要有农事节日、祭祀节日、民俗娱乐节日几个类型。此类节日在一定程度上具有教育功能，在对节日进行庆祝的过程中，人们可以了解到如何进行人际交往、如何与人和睦相处，可以促进全体道德水平的不断提升。在传统节日的庆祝过程中，人们会积极地聚会，促进了人们之间的沟通与交流，使人们能够相互理解，维护了社会的稳定秩序，形成一个较为稳定的人际关系。庆祝这些节日不仅可以使人在情感上获得收获，在道德方面也可以得到深深的教导。节日可以促进人民群众之间的情感交流，提高凝聚力，维护社会的稳定秩序。在举办庆祝丰收的节日的过程中，人们十分注重自然的作用，体现出了人们对于自然的热爱之情。

二、优秀传统文化中的德育方法

（一）因材施教

所谓"因材施教"，就是从教育对象的实际情况出发，有针对性地对之注入特定的教育内容。这种教育方法，在儒家看来，主要用于对学生进行道德教育。孔子总是针对不同的教育对象，予以不同的回答。

例如，"孟懿子问孝，子曰：'无违。'""孟武伯问孝，子曰：'父母唯其疾之忧。'""子游问孝，子曰：'今之孝者，是谓能养。至于犬马，皆能有养。不敬，何以别乎？'""子夏问孝，子曰：'色难。'有事，弟子服其劳；有酒食，先生馔，曾是以为孝乎？"这里对于孟懿子、孟武伯、子游、子夏四人同是关于"孝"的提问，孔子的回答不一样。

之所以如此，是因为教育对象不同：懿子不懂孝道，表现为"违礼"；武伯不懂孝道，表现为常使父母担忧；子游不懂孝道，表现为不能敬重父母；子夏不懂孝道，表现为对父母不能和颜悦色。孔子的不同回答，正是对症下药，因材施教。孟子认为在教育方法上，应该根据对象的不同，施以不同的教育方法。他说："君子之所以教者五：有如时雨化之者，有成德者，有达财者，有答问者，有私淑艾者。此五者，君子之所以教也。"

（二）循序渐进

循序渐进是孔子首创的施教方法。主要是讲，教育必须通过循序渐进的方式，由浅入深、由少到多地逐步进行，才能达到目的，欲速则不达。德育更是如此，绝不可能一下子就把一个人培养成贤人，而必须从小培养，从一点一滴的小事做起。关于孔子的循循善诱，《论语》中多有记载。"夫子循循然善诱人，博我以文，约我以礼，欲罢不能。"王通的《文中子·立命》中也谈及孔子先教《诗》《礼》后教《春秋》《乐》《书》《易》，体现了循序渐进思想。南宋朱熹主张"从细小做起，方能克得如此大"。王夫之也说："俱学者所不可遗之事，而以小子属性之不齐，姑且使其小且粗者，俾其事之易尽，而以渐得其理，然后授之以大且精者之事，而以用力之熟，扩充有自，则大且精者之事可得而学矣。"

（三）启发诱导

所谓启发诱导，是指在德育过程中遵循学生的认识规律、心理发展过程和道德培育内在的规律性，采取各种有效的方法充分调动学生学习的积极性，以期达到培养道德情操的目的。启发诱导是孔子首倡的一个重要教学方法。他说："不愤不启，不悱不发。举一隅不以三隅反，则不复也。"其中所谓"愤"是指学生通过自己的思考，心中已有了一套想法，但尚未完全想清楚的一种思想状态。所谓"悱"，是指学生想说而又未能说清楚的状态，意思是说学生处于"愤悱"时，老师加以启发，告其一隅使其推知其他三隅，最后使学生全部透彻地弄清问题。《礼记·学记》进一步论述了这一方法："君子之教，喻也。道而弗牵，强而弗抑，开而弗达。"即施教应重引导、鼓励、打开思路，而不能强迫、讲透，要授之以法、导之以途、助之以力，积极调动学生学习的主动性，让其独立思考，以达到教学之目的。

（四）言行一致

孔子认为，德育目标实现得如何，不能只听其言，要"听其言而观其行""君子欲讷于言而敏于行"。他主张"言必信，行必果""君子耻其言而过其行""先行其言而后从之"。墨子认为"使言行之合，犹合符节也，无言而不行也"。他认为只有"以身戴行"才是道德高尚的表现，所以坚决反对"言过而行不及"。行，既是学的目的，又是学的深化，因为只有在行中才能获得新的情绪体验，并通过行的行为训练，养成良好的道德习惯。言行一致对教育者来说就是要以身作则，言传身教。"其身正，不令而行，其身不正，虽令不从""不能正其身，如正人何"，特别是尚未成熟的青少年学生，易受熏陶，"染于苍则苍，染于黄则黄……故染不可不慎也"，而且其模仿性极强，教师的一言一行都会对他们产生重大影响。所以，教育者必须有好的思想作风，要求学生做到的，自己首先要做到。

（五）寓教于乐

寓教于乐是中国古代儒家学派一贯主张和运用的一种重要且富有成效的德育方法。寓教于乐主要是指借助音乐对受教育者进行道德教化，在潜移默化中陶冶人们的情操。孔子十分重视音乐，他说："兴于《诗》，立于礼，成于乐。"荀子专门作《乐论》，阐明音乐的道德教化作用。

《礼记·乐记》则明确提出"修乐以道志"思想："乐者也，圣人之所乐也，而可以善民心。其感人深，其移风易俗，故先王著其教焉。""乐行而伦清，耳目聪明，血气和平，移风易俗，天下皆宁。"先王作乐，"非以极口腹耳目之欲也，将以教平民好恶而反人道之正也"。根据音乐最容易感动人的特点，北宋二程和明代王阳明等都提出通过歌舞教育完成德育。"教人未见意趣，必不乐学。""别欲作诗，略言教童子洒扫应对事长之节，令朝夕歌之，似当有助。""古人为学易，自八岁入小学，十五入大学，舞勺舞象，有弦歌以养其耳，舞干羽以养其气血，有礼义以养其心。"在《王阳明全集》卷二《传习录中》里面也有类似的词句："今教童子，必使其趋向鼓舞，中心喜悦，则其进自不能已。""故凡诱之歌诗者""顺导其志意，调理其性情，潜消其鄙吝，默化其粗顽，日使之渐于礼义而不苦其难，入于中和而不知其故"。也正因如此，我国古代流传下来了朗朗上口、极具韵味的儿童启蒙名篇，如《三字经》《千字文》等。

三、优秀传统文化中的德育途径资源

（一）家庭德育途径

在全国教育大会上，习近平总书记呼吁家长要充分发挥自身的德育作用，积极地对孩子进行道德方面的引导。孩子的各项行为都是从家长那里习得的，家长对于孩子有很大的示范作用。为了促进孩子的不断发展，帮助其塑造一个正确的价值观念，家长要从小向孩子灌输正确的思想道德观念，引导他们走向正确的成长道路。孩子三观的形成离不开家庭教育发挥的作用，良好的家庭教育可以培养出较为优秀的孩子，帮助他们走向正确的道路。

习近平总书记认为要利用家风来对孩子的行为进行规范，促进家长对孩子的家庭教育。家庭教育是全方位且影响深远的，孩子的成长与性格形成都会被深深打上原生家庭的印记，古有孟母三迁、岳飞"精忠报国"。

正所谓"一家仁，一国兴仁；一家让，一国兴让"，孩子最先获得知识的场所就是他自己的家。在国家教育之中，家庭教育是基础。国家是由众多家庭组成的，想要有效地对国民素质进行提升，就必须使家庭教育发挥其应有的作用，以此来促进国民教育的发展。在家庭教育方面，家长要注重将爱国主义、友善互助、和谐理念、注重礼仪等观念渗透到言行举止中，温和地对孩子进行教化。

（二）学校德育途径

在对学生进行德育的过程中，学校的作用非常重要，不容忽视。学校不单单是学生进行学习、获得知识的地方，更是提高学生思想道德素质的场所。合格的学校教育能够促使学生成为一个合格的时代接班人。学校应定期组织开展德育实践教育活动。

第三节 优秀传统文化中德育价值的实现

一、优秀传统文化中的德育价值

（一）仁爱文化

中华优秀传统文化中的仁爱文化强调仁、义、爱，尤其是儒家的修身、齐家、平天下的理念反映了传统儒家教育中，以家庭为单位的核心理念和人格理想。仁爱文化引导并规范着个人和个人、个人和集体的关系，在社会范围内营造了人人讲道德、尊道德、有道德的氛围。

以传统的家风家训为例，传统儒家道德文化在对后代的教育中十分强调仁爱的作用，崇尚君子行为，在家族、家庭教育中重视道德的规范作用，从而塑造后代个人良好的道德行为。即便是现代，这种传统的家风家训中的道德文化对于构建和谐、文明的家庭都有着积极意义，对营造现代社会的道德氛围有着现实引导作用。

（二）爱国文化

爱国精神、集体主义是中华优秀传统文化中的精髓。传统道德文化强调克己奉公，为国为家，公而忘私，将家国利益、集体利益放在首位，崇尚个人为民族、为国家利益尽职尽责，强调国家富强、民族复兴中的个人价值。例如，"天下兴亡，匹夫有责""苟利国家生死以，岂因祸福避趋之""为天地立心，为生民立命"等，都强调了普通人在国家民族利益中的价值作用。

（三）民本理念

优秀传统文化推崇知行合一，强调人的德行、人际交往、社会生产行为要和当时的社会时代特征相吻合，不仅要顺应时代，更要推动时代发展。同时，优秀传统文化中也包含着丰富的道德情感，不仅能规范个人行为，更能规范社会伦理。

（四）文化自信

中华优秀传统文化中的德育价值不仅能对个人道德标准、行为规范起到引导作用，更能保障社会安定和谐、推动政治经济稳步发展、努力实现国家和民族的复兴。传统文化是一个国家、一个民族安身立命，屹立在世界民族之林的精神保障，只有传承和发展我国独有的优秀传统文化，才能在当前的多元文化体系中保持和形成我国的符号象征，保持我国文化的旺盛生命力。中华优秀传统文化中的礼、义、仁、德、文有利于社会公德建设。传承中华优秀传统文化，保持我国文化特色，有助于推动社会进步，提高国家文化软实力，从而在激烈的国际竞争中构筑中国特色，构建中国文化、思想和精神文明体系，增强我国人民的文化自信。

在激烈的国际竞争中，中华文化强调贵和、尚中。和谐理念不仅能解决多元文化背景下的冲突和矛盾，更能营造一种多元文化和平共处、共同发展的理想局面，是中华文化为解决当代文化矛盾所做出的贡献。

另外，天人合一、万物有灵的思想也能解决全球资源耗竭的问题，为人类未来的发展、自然环境的保护提供解决之道。同时，中华优秀传统文化的兴盛带动了现代文化的兴盛，为国家富强、民族复兴提供了精神动力。

二、优秀传统文化德育价值开发的原则

（一）多样性与前瞻性原则

我国是多民族国家，我国的优秀传统文化由多民族共同创造，多样性源于其包容并蓄，面对外来文化不断地融合、吸收。历史上，我国的民族文化吸收了佛教、印度教、基督教等许多他国文化成分，具有海纳百川的气魄，为我国的发展强大和人类文明的进步做出了重大贡献。

我国优秀传统文化的前瞻性主要体现在其价值观与丰富内涵对实现中华民

族的伟大复兴具有现实意义。其一，大一统与爱国主义精神是所有炎黄子孙推崇的民族大义，有利于激发人民的爱国热情，也是国民的精神支柱。其二，追求理想人格是国民的精神基因，有利于指导人的价值观，培养其高尚的品格。其三，中华优秀传统文化一向以和为贵，有利于我国与他国建立良好的关系。

（二）导向性与实践性原则

只有在实践中坚持正确的导向，才能获得成功。在我国高校德育实践中，应该以马克思主义基本理论为指导，始终坚持辩证唯物主义与历史唯物主义相结合，围绕社会主义核心价值观，从我国传统文化中去粗取精、去伪存真，进行批判地继承。

我国优秀传统文化作为我国劳动人民长期实践的结果，对现代高校德育工作具有实践指导意义。在实践中，要努力维护我国的民族特色，完善高校德育体系，丰富高校德育课堂。

三、优秀传统文化融入德育的四个维度

（一）将天人合一融入生态德育之中

高校德育要求学生能正确认识"人—社会—自然"之间和谐共处的关系，现代德育内容体系的构建应包括人与自然、人与社会两方面的内容。

1. 关注自然与人的和谐共处

在中国历史上"天人合一"的学说影响最大，"天人合一"思想受到大家重视也是由于生态环境的恶化让人类对生态和物种的关注提到了前所未有的高度。1992年世界1575名科学家发表了一份《世界科学家对人类的警告》，开头就说："人类和自然正走上一条相互抵触的道路。"造成这种情况不能说与西方哲学曾长期存在"天人二分"的思想没有关系。高校的生态德育关注对大学生生态道德的培养，在培养生态道德的过程中应遵守德育规律，这样才能达到预定的目标。

首先，增强生态道德意识。校园里偶有学生丢弃垃圾，他们没有意识到垃圾的随意丢弃会给我们生活的环境带来污染，这说明当代生态德育亟待增强学生的生态道德意识。

其次，加强生态知识教育。要求大学生了解生态平衡的利益关系，明白生态道德的好恶标准，具有生态认知力。

最后，牢记生态道德法规。生态法制教育可以增强大学生的守法意识，要求大学生熟识有关生态的法律法规。

2. 关注人与社会的和谐共处

社会生态与学校德育有着紧密的联系，社会生态是大学生成长的舞台。德育工作者在德育实践中要用开放的心态来整合各种优秀的社会德育资源，并将这些资源运用在课堂中，让社会信息与学校信息双向流动，使德育理论得到活学活用。

（二）将诚信勤学融入专业德育之中

道德教育是终身性的教育，高校德育的范围也不仅限于思政课的课堂上，还应该渗透到大学生所学的专业课程中，因为大学所学的专业很有可能成为学生日后所从事的职业，加强专业德育有利于培养出兼具专业能力和高尚品格的学子。专业德育主要包括两个方面的内容，即专业课渗透教育和职业诚信教育。

1. 专业课渗透教育

不论是人文精神较强的专业还是技术性较强的专业，高校专业课程都是德育渗透教育的最佳载体。在学科专业德育中，教师应该将德育内容和具体科学问题结合起来，通过创设道德情景将本专业可能遇到的道德问题提出来与同学一起参与话题讨论。在对医学专业、遗传专业的学生进行专业教育时，要加强伦理教育，要让学生明白自己专业的性质和意义。在对计算机专业的学生进行专业教育时，不仅要让学生了解自己所学专业的历史发展过程及技术前景，还要让学生明白计算机技术在社会流通过程中所带来的影响。在对生物、化工专业的学生进行专业教育时，要融入生态德育的教育理念，让学生意识到我国在生物、化工领域取得的进展并不只是为了改造自然，还为了使人类进一步融入自然、保护自然。专业课德育渗透教育要注重因材施教的德育方法，根据每个学生的道德认知水平进行指导。高等教育作为知识传播的一个重要途径，对我国的科学发展做出了巨大贡献，我国的专业人才更离不开高等教育，学科专业的德育渗透教育是不可小觑的。

2. 职业诚信教育

中华优秀传统文化中对诚实守信的道德品质十分看重，"人无信不立"，没有诚信无法在职场上立言，更没法在社会上立身，这表明了职业诚信教育在高校德育体系中举足轻重的作用。

（1）加强校园职业诚信宣传

在校园文化环境建设中要突出职业诚信教育，以广播、视频、宣传画等多媒体形式宣传，这样的校园文化氛围能帮助学生形成诚信理念。

（2）发挥实践活动的诚信教育功能

要将诚信意识贯穿于实践活动中，使大学生在参与中提高他们对诚信的重视。实践活动主要有诚信讲座、诚信班会、诚信签名活动、诚信征文大赛、诚信辩论大赛、"校园十佳诚信之星"等，各种各样的活动不仅丰富了大学生的生活，更提高了大学生对诚信的认识。

（三）将忠孝文化融入感恩德育之中

在高校德育中感恩教育对于大学生来说是最具情感煽动性的教育，对大学生提升自身、维系他人、回馈社会都具有十分重要的意义。实施感恩德育的主要内容为感恩情感培育和感恩行为实践。

1. 增强大学生的情感认同

苏霍姆林斯基曾说："没有情感的道德就变成了干枯、苍白的语句，这语句只能培养伪君子。"由此可知，情感认同可以对当代大学生的感恩意识产生极其关键的正向影响。当代大学生所处的人生阶段是青年阶段，在这个阶段他们的精力充沛、情感丰富但波动性很大。通常一个微小事件的发生就会导致大学生产生情感的波动和变化。

由于大学生在此阶段其身心发展存在如此特殊的特点，教育者在对其进行感恩意识培育时应着重注意以下几点。第一，要深入了解其内心想法和情感变化，在其情感产生波动时要耐心引导，同时也要对其爱好进行了解，通过换位思考的方法来帮助其解决问题并进行情感引导。第二，要以学生的学习和生活两大方面为切入点，把感恩意识的培育与校园实践活动有机结合到一起，引导并鼓励学生积极参与感恩活动，在活动中使其对感恩产生感情认同并主动接受感恩意识的熏陶。马克思主义为实践提供了科学理论支撑，当代大学生感恩意识培育以及思想政治教育要从理论出发最终落脚至实践。实践是人类认识世界的渠道和手段，对大学生进行感恩意识自我培育最有效的方法就是将理论与实践相结合。诸多学者指出，道德教育是一种情感教育，只有受教育者通过社会实践增强其情感认同，才能使其对道德教育建立真正的信任。通过社会实践活动，大学生可以感受到亲身体验的参与性，还可以通过实践树立榜样。

因此，大学生应多参与感恩实践活动，通过实践达到情感的共振并增强情感认同，进而提升大学生感恩意识自我培育能力。

2. 培育大学生的感恩之心

培育感恩之心要以孝敬父母为基础，因为孝乃百恩之源，一个对养育自己的父母都没有孝敬之心的人难以对他人、对社会存在回馈之心。

①要教育大学生听从父母的教导，尊重父母的劳动。由攀比所引起的不合理消费是对父母财富的一种浪费，懒惰、不思进取、荒废学业甚至走入犯罪的深渊会使父母之心受到伤害。这要求德育工作者积极引导大学生对自己的学业和行为抱有强烈的责任意识，用良好的道德行为回报父母。

②要提醒大学生不要忽视对父母精神状态的关注。德育工作者要多鼓励大学生主动与父母进行交流，将感恩的心付诸行动。

③鼓励大学生多和身边的师长、朋友进行交流。德育工作者要悉心引导大学生明白如果离开了身边人的帮助，一切知识、经验的获得都会更加艰难。

④为大学生树立社会榜样与典型。德育工作者要让大学生明白社会各行各业建设祖国的热情，使大学生承担建设祖国的义务，为国家的强盛发愤图强。感恩是亲情、友情、爱情的重要基础，是一种期望报答的美好情绪。当大学生具备感恩之心时，便会感觉自己时常沐浴在恩惠之中，不论恩惠多与少，大学生都会产生一种回报恩惠的情感。

3. 将感恩之心转化为报恩行为

有了感恩之心则能更好地将情感转化为感恩的行为，以诚挚的行动予以回报是感恩过程中最具实际意义的一部分。

①要将感恩教育落实到大学生的社会实践中。高校应该与社会用人单位、慈善机构联合，为大学生的感恩实践提供平台，并在大学生实习工作结束后让用人机构对大学生给予一定的反馈。大学生与单位的双向交流会使大学生意识到自己对工作的奉献并不是自己的负担而是对社会的回报。

②鼓励大学生以感恩为题材进行文艺创作，引导大学生将自己身边的榜样人物写成剧本，排成短片、话剧、小品等多种文艺形式，用大学生自己的素材在大学生的圈子里传播，这样更具有说服力。通过以上途径让大学生懂得感恩还是不够的，德育工作者还要提高他们的文化素养，这样才能提高大学生的道德境界。

4. 提升当代大学生自我教育的能力

教育的最高境界就是通过教育者使用理论的指导和科学的手段对受教育者进行一段时间的教育之后，使受教育者形成自我教育的意识和能力。受教育者养成自我教育的习惯，才能自觉规范自我、进行有益的社会实践，不被时代所抛弃。提升当代大学生自我教育的能力是高校道德教育的重要一环，对增强大学生的感恩意识发挥着极其重要的作用。

若一个人拥有自觉进行自我教育的能力，他们才不会对社会中的事件及其后续的影响产生错误的判断；才能拥有明辨是非的能力；才能坚持正确的理想信念，抵制不良文化的侵袭；才能从容地面对多元文化带来的影响，提升自我道德素质和文化素养进而外化到社会实践。大学生在进行自我教育前要对自己进行深入了解和评估，思考心中的理想自我以及未来的发展方向，只有将这些重要问题反复思考清楚，坚定自己的信念，不被外界的各种声音所打扰，才能够做出真正遵从自己内心的选择。在大学生活里，学习科学文化知识和实用技能固然十分重要，但提升自我的道德素养更为重要。

感恩意识是具有正能量和道德感的大学生所具备的良好品质，它是大学生内心情感的体现，由大学生的主观意识所主导，同时也具有自觉能动性的特性，所以当代大学生要自觉提升自我教育能力，增强自律意识。提升当代大学生自我教育的能力，可以帮助其约束自身行为，进而增强其感恩意识。

（四）将人格修养融入幸福德育之中

在高校中许多大学生对待德育课程总抱有很低的期望，认为德育课程十分枯燥无聊，所以在德育工作的改革中应该提倡"幸福德育"的理念，并将我国优秀传统文化融入幸福德育之中。幸福德育主要包括两个方面的内容，即完善自我人格与克制欲望。

1. 完善自我人格

幸福德育的宗旨是奉献社会与关注自我幸福共存。我国优秀传统文化中"内圣外王"的理想人格与现代德育有异曲同工之妙，都要求个体实现内心与外在两个维度的共同发展，因为完善的自我人格既能很好地适应社会，也能很好地满足自我道德的发展，使大学生获得更强烈的幸福感。

（1）完善自我人格要注重实践

先秦儒家几乎很少解释圣贤的含义，侧重教导人如何成为圣贤，主张修心，将所学所悟运用于现实世界，其中就要多运用"反求诸己"的德育方法，多思考，多反省，这样才能不断完善自我。

（2）完善自我人格要重视德育的路径

中华优秀传统文化中"内圣外王"的理想人格重视内外兼修，在现代德育工作中则需要德育工作者引导大学生循序渐进地进行完善，先度己再度人，先提高修养再追求物质。

2. 克制欲望

大学校园虽是象牙塔，但与社会有着千丝万缕的联系。当前，校园里存在不良风气，拜金主义、个人主义、享乐主义等侵蚀着大学生的心灵。在高校德育中要尤其强调"勤俭""自持"这样的优良传统。

（1）要树立榜样

在学生群体中选择一名优秀的大学生作榜样，并正确宣传榜样，同时教育者也要言行一致，对自己严格要求，有了教师带头，学生才会更好地践行榜样精神。

（2）要践行节俭

教育者要多开展以"节俭"为主题的实践活动，如组织大学生进行社会调查，分析当地社会各个阶层的收入和消费情况，指导大学生了解按劳分配的实际意义，并理解人们为什么要储蓄，从而使大学生切身感受到勤劳、节俭在财富积累中的重要作用。

四、优秀传统文化融入高校德育工作的路径

（一）政府重视

大学生作为祖国的未来，肩负着传承我国优秀传统文化的使命，在培育人才方面，政府应该高度重视高校将优秀传统文化融入德育的工作，为高校德育实践提供更多的优质平台，让大学生从理论学习走向实践成长。

1. 加大政府扶持力度

①在扶持我国优秀传统文化产业时需要完善的政策支持，在高校组织开展相关活动时政府应提供切实可行的实施办法，且保持政策支持的持续性，对活动进行回访。

②在将优秀传统文化融入高校德育的过程中，需配备一定的配套设施和服务，如参观考察的地点、实地教学的基地、专业人士的指导等，政府应对此给予

便利。

③政府应提供经费保障，使优秀传统文化融入高校德育工作不受局限，保证工作效果。

2. 鼓励高校进行社会实践

在将优秀传统文化融入高校德育的过程中可以通过政府整合各种社会资源。高校应利用博物馆、纪念馆、美术馆、音乐厅、剧院、电影院、书画摄影展、民俗村、故居旧址、文化遗产等，建设一批中华优秀传统文化教育教学和实践基地，组织大学生进行实地考察，实地开展优秀传统文化教学，集中进行历史文化教育。高校实践活动多以志愿活动为载体，既回馈了社会，也增强了学生的社会责任感。社会福利机构多由政府开办，通过政府在社区养老院、福利院、救助站等机构建立志愿服务基地，鼓励大学生积极参与志愿服务与社会调研，让实践落到实处，使大学生在实践中感受社会正能量。

（二）学校保障

在将我国优秀传统文化融入高校德育的过程中，高校不断加大我国优秀传统文化在德育内容中的比例，但在进行德育评价时出现缺失，常常以学习成绩为评优评先的准绳，忽视发掘大学生的其他优秀品质。因此，高校要用优秀传统文化改善育人环境。

1. 联合家庭共创优质育人环境

家庭被誉为德育的第一场所，而当大学生离开家庭走进高校之后，大学就成了学生德育的主要场所。

在以学校为主导的德育环境的构建中，首先，要发挥青年教师的育人效应。高校中不乏大批年轻有为的青年教师，平时学生接触最多的莫过于同学和老师，优秀的青年教师具有吸引大学生的青春活力，因此优秀的青年教师应起到带头人的作用。高校应树立起一批典型，让优秀的青年教师向大学生讲述自己的成长烦恼与奋斗经历，有苦有累、有甜有痛的真实经历最能感染大学生，青年教师可以用自己的道德意志影响大学生，为大学生营造良好的教育氛围。

其次，教师要积极反馈大学生的道德状况。大多数大学生远离家乡来上大学，辅导员要定期与大学生家长沟通，电话、微信、QQ等都可以作为汇报学生动态的平台。高校应将家长纳入优秀传统文化育人的体系中来，既引导学生也疏通家长。在许多法制案例中，有很多家庭竟对大学生案发前的转变毫不知情，这便是高校与家庭联系不紧密的后果，只有建立学校与家庭的联动机制才能避免悲剧的发生。

2. 营造良好的氛围

校园文化活动是大学生最安全、可靠的实践基地，将我国优秀传统文化中的德育思想通过校园文化展现出来，不仅可以丰富校园文化的文化内涵，还可以将我国优秀的德育思想内化于大学生的道德意识中。

活动形式有很多，如组织传统节日的庆祝活动，可以增进大学生对传统习俗的了解；进行话剧、小品等文艺作品的编排，以身边的同学为模本讲述同学间的道德故事，可以营造良好的道德氛围；开展学术性的交流、探讨，邀请专家学者与同学面对面探讨，既可以让专家学者帮助大学生解读传统文化，还可以让大学生对某一问题进行大胆发言；征文、辩论赛、知识竞赛等都可以作为高校传播我国优秀传统文化的载体，能够一改往日教学的沉闷气氛，提高德育的实效性。但在这些活动中，并不主张开展狂轰滥炸式的活动，更不希望出现哗众取宠的现象，所有教学与实践都应该建立在有的放矢地融入与引导上，循序渐进地融入才能真正提升我国优秀传统文化的感召力。

（三）加强师资建设

由于高校德育体制并不完善，导致当前高校德育教学以灌输为主的现状，因此我们要鼓励教师转变教育方式，在德育工作中立足教师队伍的建设，提升教师队伍的素质，加深他们对传统文化的情感，这样才能使我国优秀传统文化在融入德育工作时产生良好的德育效果。

1. 加深教师对传统文化的情感

在优秀传统文化教育中，学校处于主阵地的地位，教师扮演着传播者的角色。教师首先要在思想上重视优秀传统文化，了解优秀传统文化知识，这样才能主动学习，这也是发扬我国优秀传统文化的一条必经之路。通过教师的言传身教，学生才会"亲其师，信其言"，才会有振兴民族文化的信心。所以我们一定要重视对教师优秀传统文化的培育，实现我国打造文化强国的梦想。

2. 鼓励教师转变教育方式

我国优秀传统文化中的重视生态、崇尚和谐、提倡勤俭节约等德育思想涉及现代社会中的社会公德、职业道德、家庭美德以及个人品德四个方面，体现了中华民族特有的民族性格、思维方式、认知结构、价值观念，是我国劳动人民千百年的智慧结晶。用这些思想丰富思想政治教育课的课堂，并结合现实生活进行讨论，如考试作弊该不该宽容、老人摔倒究竟该不该扶、拜金的根源所在等，能够提高课堂的吸引力。

优秀传统文化融入高校德育的过程，也是对教师能力的考验，首先高校教师应该热爱我国的优秀传统文化，并对德育工作抱有热情，不能存在"自己说的话自己都不信"这样的现象，要求教师一定要做到知行合一；其次当代大学生多是"00后"的年轻人，教师运用陈旧的灌输法开展教学已经无法满足大学生的需求，这就要求教师转变教学方式。

第六章 优秀传统文化中的思想政治教育价值

充分把握优秀传统文化的基本特征与价值取向，深入挖掘其思想教育价值，是贯彻落实思想政治教育"立德树人"的使命与目标，是提升思想政治教育信服力、感染力的有效举措，也是继承优秀传统文化的内在要求。本章分为优秀传统文化中的思想政治教育资源、优秀传统文化中的思想政治教育方法、优秀传统文化中思想政治教育价值的实现三部分。

第一节 优秀传统文化中的思想政治教育资源

一、爱国思想

习近平总书记在中华人民共和国第十二届全国人民代表大会一次会议的闭幕会上发表了关于"中国梦"的重要讲话。他指出，"实现'中国梦'必须弘扬中国精神,这就是以爱国主义为核心的民族精神,以改革创新为核心的时代精神"。

中华优秀传统文化最具代表性的就是儒家思想，儒家思想强调以治国平天下为人生的最高目标，以大一统为理想的社会状态，把国家民族的前途和命运放在首位。几千年来，这种爱国主义精神被一代又一代中国人传承至今，无数仁人志士为了祖国的统一和领土的完整而奋斗不息，甚至抛头颅洒热血。

文天祥被俘后宁死不屈，有诗云"人生自古谁无死，留取丹心照汗青"；顾炎武把"天下兴亡"看作"匹夫"之责；仁人志士林则徐虎门销烟，捍卫国家利益，"苟利国家生死以，岂因祸福避趋之"，这些仁人志士的所作所为成了爱国精神的经典写照。在抗日战争时期，涌现出了许许多多为保卫国家领土完整、捍卫国家民族尊严的民族英雄，谱写了一首首爱国主义的赞歌。

爱国主义是中华民族精神的核心，也是今天的大学生思想政治教育中的重要内容。特别是在今天经济全球化的形势下，弘扬爱国主义尤为重要。中华优秀传统文化中的爱国主义资源可以说十分丰富，对其进行深入的挖掘，将有助于培养大学生的爱国精神和历史使命感。

二、中庸中和

钱穆先生称中国文化是中和型的，也就是说中国文化走一条不偏的、中和的路。中庸中和多年来被人误解，甚至被一些人批评为好好先生、折中主义，没有是非原则的和稀泥，其实不然。朱熹说得好，"中者，不偏不倚，无过不及之名也。"从一切道德规范的运用到社会秩序的建立，所能采取的最佳方法就是中庸，所能达到的最高境界也是中和，它是儒家哲学的基础和灵魂。冯友兰先生评价中国哲学的核心是极高明而道中庸。

孔子曰："中庸之为德也，其至矣乎！民鲜久矣。"中庸包括执两用中和时中两层含义，"执其两端，用其中于民"。中是恰当合适之意，非中间之意。告诫我们要从事物互相对立的两个方面着眼入手全面地思考问题才能找到那个恰当合适的中正之点。这就要求人们在实践中根据客观实际恰当处理问题，做到行为恰当、言行得体、把握分寸，不偏执也不片面。换言之，中庸就是要求人在为人处事时把握一个度，达不到或超过一定的度就会影响事物的质，向相反的方向发展，这就是过犹不及。时中要求人们在处理问题的时候根据变化了的情况而灵活地去调整自己的策略，要懂得权变。

《礼记·中庸》所云："喜怒哀乐之未发，谓之中。发而皆中节，谓之和。中也者，天下之大本也。和也者，天下之达道也。致中和，天地位焉，万物育焉。"中和的最高境界不是各种因素简单的聚集，而是各种因素配合得当的和谐。

三、以和为贵

和与同是对立的，和谐不是各种因素的简单集合，而是一种"和而不同"的状态。

若想积极构建相对良好的和谐社会，必须以和为准。早在春秋末年，孔子就提出"老者安之，朋友信之，少者怀之"的大同社会理想。大同社会，也就是孔子以及历代先贤们所追求的和谐且洋溢着仁爱与公平正义的社会。对于优秀传统文化而言，尤为关键的元素即和谐，这深入体现在2008年中国举办的北京奥运会中。

从历史角度来看，各个领域的思想家以及文学家等，均从多维度针对"和"

的基本概念，进行相对深入的阐述。例如，孟子提出"天时不如地利，地利不如人和"，在该句中深入体现出和的重要性。若从传统文化的角度来看，则和谐的本质为关系范畴，旨在直观体现出自然和人彼此之间的内在关系。它代表了中国文化的最高境界。

首先，和谐表现在人与自然之间的和谐上。在中国古代哲学中，天是中国文化的一个重要概念，富有深刻的意义与内涵，特别是儒家的天命思想是其哲学最高范畴。有学者经过多年深入研究将天的含义分为五种，大体上可包括统治之天、造生之天、载行之天、启示之天、审判之天这五种。天是包括人在内的自然世界万物的来源与归宿，与当今自然之天有所不同，含义更广。正如孔子所说的："天何言哉？四时行焉，百物生焉"。《诗经·大雅》："天生烝民"。这句话的意思是，万物均始于天地，故而人应当尽可能保护自身所处的生态环境，和大自然保持和谐共处。孟子曾言："不违农时，谷不可胜食也；数罟不入洿池，鱼鳖不可胜食也；斧斤以时入山林，材木不可胜用也。"这句话深刻体现出人和自然彼此之间相辅相成的内在关系。人应当秉持自然规律春耕秋收，保持对自然的敬畏之心，唯有如此才能实现人和自然的和谐。以上种种古言，均表达出古代的人和自然彼此之间和谐共处的基本思想，这和当前中国提倡的科学发展观相得益彰。

与此同时，优秀传统文化不仅关注人和自然的内在和谐关系，还关注人类彼此之间存在的和谐关系。从家庭至国家，均应当秉持和谐的核心价值观，才能更好地实现人类彼此之间的沟通和交流。

儒家学派创始人孔子不仅提倡"礼之用，和为贵。先王之道，斯为美"，还在《礼记·礼运》中描绘了一个"大道之行也，天下为公"的充满真善美的大同世界。这意味着孔子希望将家庭中的亲密关系延伸至他人，唯有如此，才能实现社会的长久和谐。

除此之外，和谐还表现在人与自身的相处上。这种形式在优秀传统文化中也略有提及：人唯有实现内外兼修，才得以具备高尚的品格。儒家奉行内圣外王之道，对外以美好品德为处世原则，对内则要求自省和慎独，修养德行。如孔子就严格要求自己"吾日三省吾身"；孟子提出"学问之道无它，求其放心而已矣"；王阳明告诫弟子心即理。这些都是身心和谐的典范。

然而，随着经济社会的进一步发展，工业化进程加速，过分追求经济指标造成资源枯竭，从而破坏了人们赖以生存的生态环境。以大学校园为例，某些素质较低的大学生乱扔果皮、纸屑，并且随地吐痰，破坏了校园环境。

实际上，由于现今社会竞争逐渐呈现出白热化的趋势，故而人类彼此之间的亲密性逐渐淡化。在此背景下，有部分大学生自私自利，以自己的利益为前提，甚至引发一系列心理疾病。在此情况下，如果将现今的优秀传统文化融于围绕大学生而进行的一系列思想政治教育活动中，不仅能够切实满足政治教育方面的实际要求，还能有效保障大学生的身心健康，这无疑是极为重要的。

四、知行合一

在我们的优秀传统文化中，关于教育方法有着深入的探讨，并且形成了比较完善的方法论体系。总的来说，中国传统思想政治教育的方法论体系主要以内外兼修、知行合一为特色，内容主要有以下三个方面。

第一，学思结合，注重自省。学与思的结合是我们传统社会中思想政治教育的基本方法，孔子曾提出"学而不思则罔，思而不学则殆"，充分阐述了学思并举在人的成长过程中的重要作用，两者辩证统一、缺一不可。在强调学思结合的同时，孔子也关注道德品质在人的成长过程中的重要意义。

孔子认为，无论是"学"还是"思"都具有自我反省的性质。在学习的过程中我们会发现自己的不足，借鉴他人的经验不断提升自己，在思考的过程中我们会意识到自己的进步与过失，从而不断完善自己。而关于如何有效地进行自我反省，儒家给我们提供了有益的引导。

一方面，我们要学会自我省察，正如曾子所言："吾日三省吾身：为人谋而不忠乎？与朋友交而不信乎？传不习乎？"言外之意就是要做到自省，把外在的道德约束内化为自己的道德品质，加强对自己内心世界的审视。曾子的这句话告诫我们，无论是在思想方面还是在实践当中，我们都要经常进行自我反省，这是提高自身道德修养的重要途径。

另一方面，儒家认为在反思时要善于发现别人的优点，孔子曾说："三人行，必有我师焉，择其善者而从之，其不善者而改之。"意即指明学无常师，无论处在什么环境、与什么人在一起，只要抱着善于学习他人的优点、不断改正自己缺点的好学态度，就可以有所收获。

第二，强调切身实践，注重向外拓展。以儒家思想为代表，我们的文化总是带有一定的理性实践精神，所以切身实践是我国传统思想政治教育中的又一要求。众所周知，孔子的教育思想以"仁"为基础，以"德"为本位，同时孔子也认为行是德的表现，故强调言行一致、行高于言。为此，孔子要求他的学生必须将知、情、意、行结合起来，以知为开端，将行作为考核自己的标准。在孔子看来，一个品德高尚的人必定是一个身体力行的人，所以要想具备高尚的道德品质必须严格要求自己，注重知行合一。此外，孔子也强调，人们既要尊重自己，也要学会尊重别人，即"己所不欲，勿施于人"。

而对于孔子所倡导的"重行"的观点，孟子也进行了更为深入的研究。在孟子看来，要想磨炼一个人的坚强意志，使其能从容地面对前进道路上的挫折与坎坷，必须让他在身体、生活上都经受一定的磨炼。只有通过"苦其心志，劳其筋骨，饿其体肤，空乏其身，行拂乱其所为，所以动心忍性，曾益其所不能"的方式，才可以培养出具有坚强意志、高尚人格的栋梁之材。一代心学大家王阳明也曾指出，要想具备良好的道德品质，不光要有自己的认识，还要有实际的行动，两者缺一不可，只有这样，才能真正成为具有高尚人格的人。

第三，追求慎独，提高境界。在我们的传统道德中，向来注重对慎独的追求，慎独可以说是传统社会个人所能达到的最高境界。"慎独"一词最早见于《中庸》中："道也者，不可须臾离也；可离，非道也。是故君子戒慎乎其所不睹，恐惧乎其所不闻。莫见乎隐，莫显乎微。故君子慎其独也。"这里所说的"慎其独"指的是无论别人是否看到自己的所作所为，即使在自己一个人的时候，也依然自觉地严于律己，始终怀着敬畏之心，无论何时都不放纵自己。其实质是一种更高境界的行为自律和自我反省。

继孔子之后对"慎独"进行进一步阐述的是孟子和荀子，不过两者的侧重点截然不同。孟子从人性本善的前提出发，强调对内在"慎独"的阐释。他指出："仁义礼智，非由外铄我也，我固有之也，弗思耳矣。故曰：'求则得之，舍则失之。'"也就是说人的本性都是善良的，只要把人内心所固有的仁、义、礼、智等挖掘出来，便能成为一个品德高尚的人。与此不同，荀子是从人性本恶的道德预设出发，从形式上对"慎独"进行阐述的。他认为："大天而思之，孰与物畜而制之？从天而颂之，孰与制天命而用之？"在荀子看来，有些人天生意志薄弱，容易受到外在因素的诱惑，因此必须建立一套可以对其进行约束的制度。

综上所述，作为一个极具文化底蕴、历史悠久的伟大民族，中华民族睿智的祖先们曾为我们创造出光彩夺目的文化，使我们的传统文化与思想政治教育实现了行为表象与精神实质的整合，为中华民族的进步以及世界文化的繁荣做出了不朽的贡献。我们传统文化中所蕴含的丰富的教育资源，在促进我们成为一个统一的多民族国家的进程中发挥了不可磨灭的作用，其中所蕴含的道德判断标准为我们现代的教育活动提供了许多有益的借鉴。

第二节　优秀传统文化中的思想政治教育方法

一、言传身教法

中国自古代发展至今，一直极为推崇教师的重要性。作为教育者，孔子提倡有教无类，"自行束脩以上，吾未尝无诲焉"。他创办平民教育，打破了贵族对教育权的垄断局面，培养学生成为人才，兼具文化素养与行为规范。

孔子以身教与言教塑造了君子典型："行而世为天下法，言而世为天下则。"孔子认为教师更要严格要求自己，要"吾日三省吾身"，以这种精神给学生树立榜样。

当前时期，在围绕大学生而进行的一系列思想政治教育活动中，教育者往往只会照本宣科，诵读一系列枯燥无味的经典原文，这并不能激发学生的学习兴趣，久而久之，必将无法获得良好的成效。故而相较于传统枯燥的纯理论教育来说，教师的表率作用更好，并且至关重要。这归根结底是由于环境对学生的影响力极大，因此教师若能将自身的道德魅力散发出来，必将以德服人，赢得学生的信赖。唯有如此，才能从本质上增强大学生思想政治教育工作的实效性。

二、因材施教法

从本质上而言，因材施教法的基本含义为：教育者针对学生的真实情况进行细致掌握，从而为其制定有针对性的教育方式。该方法实则源于孔子，他严格按照此教学法进行施教。他认为"不患人之不己知，患不知人也"，因此，要了解学生，就要"听其言，观其行"。除此之外，他还认为，要了解一个人，还必须"视其所以，观其所由，察其所安"。

在真正了解了学生之后，还要针对不同学生的情况使用不同的教育方法。一是根据智力水平不同将学生分为"上智""中人""下愚"三类，采取与智力水平相符的教育方法；二是根据学生不同的性格特征实施教育；三是依据学生的年龄、兴趣爱好实施教育。因材施教的方法是孔子遗留下来的十分珍贵的思想财富，是优秀传统文化的一部分。

"亚圣"孟子极为关注因材施教的重要性，其将学生细分为下述类型：如时雨化之者、成德者、达财者、答问者、私淑艾者。由此可以得知，孟子更加倾向于基于学生自身的天赋来进行教学，或者通过观察学生后天的奋进程度进行适当点拨。

值得一提的是，在围绕大学生而进行的一系列思想政治教育活动中，教育者应当格外注重因材施教。这是由于各种类型的大学生在智商方面以及认知能力方面，甚至在性格方面都会表现出一定的差异性。故而教育者必须基于各类大学生自身的真实思想状态来进行针对性教学，才能获得相对良好的成效。

事实上，大学生个人的成长背景不尽相同，有可能存在家庭背景的差异，也有可能存在地域的差异，故而其所具备的思想政治水平也具有一定的差异性。在此情况下，教育者应当基于特定学生自身的基本特征，有针对性地制定恰当的教育方法。唯有如此，才能尽可能获得良好的思想政治教育成效，这对于积极推进围绕大学生而进行的一系列思想政治教育活动至关重要。

三、克己内省法

中华民族拥有数千年光辉灿烂的文化，它是一个礼仪之邦，重视人的道德修养。克己内省是一种内心深处的自律，是按儒家的仁、义、礼、智道德标准进行自我反省，对自己的言行进行自我约束。自省就是要经常进行自我反省，做到有则改之，不断总结经验教训。这是中华优秀传统文化中的关键内容。例如，儒家学派就特别倡导这一方法："吾日三省吾身：为人谋而不忠乎？与朋友交而不信乎？传不习乎？"同时，儒家学派还主张"见贤思齐焉，见不贤而内自省也"，即要发现别人的长处并学习，要把别人当作镜子，审视自己是否存在类似的缺点，有的话就要改正，没有的话就要勉励自己继续保持。在自省之后，还要克己，要以道德标准来规范自己的言行举止。子曰："克己复礼为仁。"孔子认为如果一个人能使自己的思想和言行都符合"礼"的规范，那么这就是仁了。同时，在这个克己的过程中要做到慎独，即没有人在的时候也能严格自觉自律，不做违背道德准则和社会规范的事情。《礼记·中庸》中就提出："莫见乎隐，莫显乎微。故君子慎其独也。"这些都充分表明在中国的文化史上非常重视心诚、自觉、自律。

马克思认为，人的思想实则表现为主观意识。如今，人类的思想愈加开放，大学生所表现出的主体意识逐渐增强。在此背景下，如果继续沿用既定的思想教育方式，只会引发诸多造假现象的频频发生。因此，应当借助优秀传统文化的作用，切实发挥大学生自身的主体性，只有这样，才能帮助他们实现自我约束，以获得相对良好的成效。

第三节　优秀传统文化中思想政治教育价值的实现

一、优秀传统文化中思想政治教育价值的实现目的

（一）基本目的：促进人们思想道德素质的提高

优秀传统文化中思想政治教育价值实现的基本目的就是促进人们思想道德素质的提高，这主要体现在以下几方面。

1. 促进人们形成正确的政治心理、态度和思想

人们的政治心理、政治态度、政治思想都属于政治文化的范畴，是政治文化的主要部分。思想政治教育在促进人们形成正确的政治心理、政治态度、政治思想的过程中发挥着重要的作用。也就是说，思想政治教育在政治文化的形成以及社会主义文化的发展过程中发挥着重要的促进作用。

第一，有利于促进人们形成正确的政治心理。政治心理是指人们在社会政治生活中产生的自发性的心理反应状态。它是政治文化的初级层次，是一种不系统的、不定型的文化反映形式。

思想政治教育通过对人们进行政治理论的灌输，在促进人们接受政治信息、产生政治情感、树立政治信念、形成政治心理的过程中发挥着重要作用。它是人们形成正确的政治文化的重要方式，是人们实现政治社会化的有效途径。推动优秀传统文化中思想政治教育价值的实现，一方面有利于传播和维护社会的主流情感和积极心理，促进人们对政治秩序的支持和维护；另一方面有利于规范和引导人们的消极情感，化解各种社会矛盾和冲突，实现政治系统的有效运转。

第二，帮助人们树立正确的政治态度。政治态度是指人们在社会政治生活中表现出来的政治意识、政治价值、政治观念等的总和。它由政治认知、政治情感、政治动机三部分组成。思想政治教育在促进人们形成正确的政治态度过程中发挥着重要作用，是促使人们形成正确政治态度的有效途径。

实现优秀传统文化中思想政治教育的价值，能够更加有效地促进人们接受政治知识、认同政治价值、形成政治目标，从而有意识、有目的、有系统地培养人们的政治态度。

第三，引导人们形成正确的政治思想。政治思想是指人们在社会政治生活中

形成的对政治的观点和见解的总和。政治思想是政治文化的核心，是人们对社会政治生活的反映。

任何一个阶级，都有着自己的政治思想体系。处于一定政治思想体系中的民众，在长期的政治生活中都会形成与社会相适应的政治观点和政治见解。

在这一过程中，思想政治教育发挥着重要的作用。推动社会主义文化与思想政治教育价值的实现，有利于对人们进行社会主义思想的宣传和教育，使人们认同和接受社会主义思想，引导人们树立正确的社会观念，培养社会主义"新人"。

2. 促进人们树立正确的价值观念和道德观念

作为正在成长中的高校学生，大学时代是其价值观念和道德观念树立与形成的关键时期和最佳时期，如果我们的高校思想政治教育能在这一时期对学生进行正确的教育和引导，必能取得事半功倍的效果。

中华优秀传统文化教育人们应该如何做人做事，这一点与高校思想政治教育的教育目的是共通的。在一个人的成长和发展过程中，树立怎样的价值观和道德观，对其成长和发展影响甚大，特别是对于世界观、人生观、价值观正在形成中的高校学生而言，更是如此。

中华优秀传统文化从深层次来说即中华民族的精神所在，这种精神所蕴含的具体内容正是当前高校学生思想政治教育的重要资源。在中华优秀传统文化蕴含的价值观和道德观中，既有筚路蓝缕、自强不息的奋斗精神，也有为追求真理、不惜牺牲的奉献精神，又有尊老爱幼、团结互助的伦理道德规范以及爱国主义精神等，教导人们遵循"仁义礼智信"。

孔子说："未知生，焉知死？"强调积极入世，用自强不息的精神去创造生活。顾炎武云："天下兴亡，匹夫有责。"他强调个人应心系国家，为了国家兴亡、民族兴衰而不懈奋斗。一个社会只有形成尊老爱幼、团结互助的社会风气，才能使民族保持最基本的道德约束。

中华优秀传统文化所蕴含的丰富价值观、道德观是当代高校思想政治教育不可或缺的一部分，也是取之不尽、用之不竭的宝贵精神财富，既需要我们悉心呵护，也需要我们不断地挖掘并善加运用。

将中华优秀传统文化运用到高校思想政治教育中去，对于使当代高校学生形成健全人格，净化他们的心灵，激发他们积极进取的精神，增强他们的责任意识，帮助他们树立正确的世界观、人生观和价值观，无疑具有重要的现实意义和作用。

3. 提升人们对传统文化和民族精神的认同感

中国著名国学大师南怀瑾曾说："一个没有文化根基的民族是没有希望的。没有自己的文化，一个民族就不会有凝聚力，始终像一盘散沙。没有自己的文化，一个民族就不会有创造力，只会跟在外国人屁股后面模仿。没有自己的文化，一个民族就不会有自信心，也不可能得到外人的尊重。"

中华优秀传统文化是我们这个国家、这个民族绵延五千多年而不断绝的精神支撑，也是屹立于世界民族文化之林独具一格的重要组成部分，更是我们中国人安身立命的命脉和灵魂所在。在当今世界多元文化激荡交流融汇的过程中，西方不良的价值观念正在不断地侵袭着我们，尤其是一些高校学生追捧西方文化、向往西方文明，如果我们不采取果断措施传承和弘扬自己的文化，让我们的子孙后代熟悉和了解本民族的文化，那么，中国人的精神就会失去依托，重心就会偏离。党的十八大以来，党中央对此高度重视，已经把重视中华优秀传统文化的教育提到议事日程上来。

现在的问题是我们的教育行政主管部门和高校应该怎么办。我们认为，一是教育主管部门应该从政策法规的顶层设计方面加以谋划，从宏观上考虑如何将中华优秀传统文化列入各高校的政治思想教育当中去，甚至考虑从中小学开始抓起，掀起复兴国学的教育活动。二是高校要重视中华优秀传统文化的研究和阐释，应该组织相关专业的教师整理有关典籍，对中华传统文化经典按照"创新性发展，创造性继承"的要求，加以系统研究和阐释。三是拓宽高校优秀传统文化教育领域，培养这方面的人才队伍和师资力量，同步进行学科建设。鼓励对中华优秀传统文化有研究的教授专家开展大讲坛和讲座活动，培养高校学生对中华优秀传统文化的兴趣爱好，以此内化于心，外化于行，寓教于乐，达到提升高校学生思想道德素质的目的。

中华民族的性格气节就体现在中华优秀传统文化中，我们矗立于世界民族之林的根本和中华民族的精神魂魄也存在于中华优秀传统文化中。中华优秀传统文化的激励警句是很多的，诸如从《周易》中的"天行健，君子以自强不息"，到《晏子春秋》所载"利于国者爱之，害于国者恶之"；从孔子的"己所不欲，勿施于人"，到孟子的"穷则独善其身，达则兼济天下"；从范仲淹的"先天下之忧而忧，后天下之乐而乐"，到林则徐的"苟利国家生死以，岂因祸福避趋之"；等等。类似这种名言警句在中华文化的经典中可以说不胜枚举，这也是整个中华民族得以薪火相传的精神激励，也使中华民族历经磨难而不衰，饱经沧桑而历久弥坚。

一是教诲我们怎样做人做事。关于怎么做人、怎么做事、怎么待人接物，怎么处理好家与国、公与私的关系，如何调整行为方式等，在中华优秀传统文化中有丰富的阐述。高校学生接受和认同这些理念，一旦走向社会就不会偏离方向。

二是支撑民族精神的"根与魂"。中华优秀传统文化影响的不仅仅是个体，有时还会影响整个民族的存亡，因为中华优秀传统文化是我们民族精神的根脉和纽带所在，只有这种亘古不变的文化才能把中华民族全体成员的心凝聚在一起。哪怕身在异国他乡，灵魂深处始终都是相通的。如果我们的高校学生能够真正领略中华优秀传统文化的魅力，提升他们对传统文化的认识，那么他们很快就能成为优秀传统文化的受益者、继承者和传播者，就能极大地提高整个中华民族的自尊心和自信心。

4.提高人们的综合素质，实现人的全面发展

人的综合素质，也就是人的整体素质，包括德、智、体、美等各个方面。这些素质的提高，并不完全依赖于课堂教育和专业学习，一些素质的提高还依赖于日常生活中的文化的熏陶。在这些素质的习得和提高过程中，思想政治教育和文化建设都发挥了巨大的作用。

文化感染着每一个人，无形中提高人们的各项素质，并对人们的内心深处产生更为深刻的影响。可以说，人的思想品德、性格习惯、道德情操等素质的形成，在很大程度上都依赖于周围文化的熏陶。实现优秀传统文化中思想政治教育的价值，有利于促进人们的思想道德素质和科学文化素质等综合素质的全面提高，将人们培养成有理想、有道德、有文化、有纪律的社会主义新人，从而实现人的全面发展。

（二）重要目的：推进社会主义核心价值观建设

核心价值观是中华民族优秀传统文化的标志性内容，是区别于"他者"的文化基因，更是高校校园精神文明建设的灵魂和思想政治教育的核心内容。要用社会主义核心价值观引导文化思潮、弘扬民族精神，将培育当代大学生的民族精神和时代精神作为思想政治教育的关键内涵。

中华优秀的传统文化保留了中华民族独一无二的核心价值理念和高尚的精神气节，积淀了中华民族深层的精神追求和独特的精神标识，完整地体现了社会主义核心价值观的内涵，从更深层次体现了社会主义核心价值观的民族性，属于培育社会主义核心价值观的宝贵资源和根本来源。

党的十八大召开以来，中共中央总书记习近平反复强调社会主义核心价值观与中华优秀传统文化之间的联系。社会主义核心价值观与中华优秀传统文化在逻辑上具有承继性，共同传承了中国文化的基本精神；在内容上具有一致性，共同体现了国家、社会、公民层面的道德理念。

我国优秀经典文化是滋养中华民族的深厚土壤，在社会主义核心价值观教育中融入中华优秀传统文化，有利于增强大学生思想政治教育的时效性，有利于使大学生产生情感共鸣，从而在心理上达到认同、行为上做到自觉。

（三）根本目的：推动社会主义和谐社会建设

构建社会主义和谐社会是我国从全面建成小康社会、开创中国特色社会主义事业新局面的全局出发提出的一项重大任务，适应了中国改革发展进入关键时期的客观要求，体现了广大人民群众的根本利益和共同愿望。在我国古代哲学中"天人合一"的观点就是一种典型的整体论哲学观，是社会主义和谐社会整体性要求的传统哲学渊源所在。

《中庸》说："可以赞天地之化育，则可以与天地参矣。"老子说："人法地，地法天，天法道，道法自然。"在古代这些圣贤的眼里，人是自然界的一部分，天地万物与人类共同构成了大千世界，人则是不可缺少的主导因素，但人道和天道是相近的。"天人合一"所体现的整体观与构建社会主义和谐社会的内在要求完美契合，构建社会主义和谐社会就需要用整体的观念来调整人、社会、自然三者之间的相互关系以及三者构成要素之间的相互关系，使其始终处于相对平衡、相对协调的状态，达到人与人的和谐、人与社会的和谐、人与自然的和谐、身与心的和谐、社会内部各要素的和谐、自然界内部各要素的和谐。

构建社会主义和谐社会的价值取向是公平公正。要贯彻落实公平公正的价值取向，执政者必须树立"天下为公"的执政理念，防止社会财富过度集中和财富差距无限扩大，利用好政策、法律、经济杠杆等各种手段来满足弱势群体的需要。我国古代圣贤孟子的民本思想中最为突出的观点就是"民贵君轻"之说。"民为贵，社稷次之，君为轻。是故得乎丘民而为天子，得乎天子为诸侯，得乎诸侯为大夫。诸侯危社稷，则变置。"他在政治方面的民本论述对我们今天构建社会主义和谐社会仍具有警示作用和启发意义。我们要构建社会主义和谐社会，就应该充分考虑到最广大人民群众的根本利益，最大可能地满足广大人民群众的根本利益，并在此基础上实现人的全面发展和人际关系的和谐。

构建社会主义和谐社会的主要任务是化解矛盾。这是因为各种错综复杂的矛盾，从消极方面讲是构建社会主义和谐社会的阻力，从积极方面讲则又是构建社会主义和谐社会的动力，是社会主义和谐社会向高级阶段发展的推动力。在中国传统文化中，"和而不同"的矛盾观就为我们正确地认识和处理社会主义建设过程中出现的各种复杂矛盾提供了指导性原则。

当前，随着改革开放的不断深入，政治、经济、文化、社会生活等各个方面都发生了巨大的变化，各种矛盾冲突日益复杂，在这种形势下，有些时候是需要技巧性地渐进处理这些矛盾的，而"和而不同"的矛盾观无疑为恰当地处理这些矛盾提供了一种宏观层面上的指导思想。

二、优秀传统文化中思想政治教育价值的实现原则

（一）方向性原则

方向性原则是指当前社会主义的思想政治教育工作要以马列主义、毛泽东思想、邓小平理论、"三个代表"重要思想、科学发展观和习近平新时代中国特色社会主义思想为指导，这是我国的思想政治教育者在工作中应该始终坚持的政治方向和指导思想。思想政治教育的根本任务就是使统治阶级的思想意识被社会普遍接受，成为社会主导的思想意识，同时削弱敌对意识形态的影响。而在经济全球化的背景下，一方面世界各国之间的经济、政治、文化、技术等多方面的联系日益加强，逐渐在全球范围内形成一个整体。

各国的统治阶级为了争取更大的国际利益，从各个方面日益加强对别国的干涉和渗透，将自己国家的意志强加给其他的国家，对别国实行各方面的控制和管束。而不同的国家有着自己独特的文化和意识形态，外来干涉必然与本位文化产生严重的冲突。另一方面，外来干涉也给本国带来了新的思想、新的方法，思想更为自由，这也给本国在思想上有了选择的余地。

在这样的条件下进行大学生思想政治教育必然面临严峻的挑战。面对世界文化多元化的冲击，我们一方面要面对我国社会出现的价值取向多元化的趋势，另一方面，必须明确地强调价值导向的一元化。所以，我们开发和利用中华优秀传统文化资源，必须切实把握好开发与利用各个环节的政治方向，服务和服从于这个原则。

贯彻此项原则就是要处理好中华文化与外来文化的关系。要正确对待传统文化，不仅需要处理好继承和创造性发展的关系，还应当处理好民族文化与世界文化的关系。从历史上看，开放、包容的民族特性使得中华文化能够不断在与其他

民族文化的交流、借鉴和融合中得以发展繁荣。正如习近平总书记所言："中华民族是一个兼容并蓄、海纳百川的民族，在漫长历史进程中，不断学习他人的好东西，把他人的好东西化成自己的东西，这才形成我们的民族特色。"而从当今世界来看，随着经济全球化向纵深发展，不同思想文化的交流、交融、交锋呈现出更加激烈的新态势。

面向世界、博采众长，是时代发展对传统文化提出的现实要求。习近平总书记深刻阐释道："我们不仅要了解中国的历史文化，还要睁眼看世界，了解世界上不同民族的历史文化，去其糟粕，取其精华，从中获得启发，为我所用。"对于人类社会创造的各种文明，我们都应该采取学习借鉴的态度，都应该积极吸纳其中的有益成分，使人类创造的优秀文化与当代文化相适应、与现代社会相协调。

总而言之，既立足中国又面向世界，在保持文化的民族特色的基础上，不断对外来文化进行理性的反思和批判，这是中国共产党发展传统文化的一条重要经验，也反映了习近平总书记对如何实现传统文化当代价值问题的科学概括和说明。

（二）针对性原则

随着改革开放的深入和社会主义市场经济体制的形成，大学生的价值观念日益多元化。在现代市场经济条件下，受教育主体意识已经发生了改变，现代大学生所接受的思想更加自由，已经与以往的思想有了很大的区别，二者有时表现为截然相反的两种价值观，而且往往会发生各种形式的冲突。以往的那种教育形式已经不能适应现代教育发展的需要了。

与此同时，随着时代的发展，思想政治教育的内容也不可能一成不变。在新的历史条件下，进行大学生思想政治教育，其内容必须与时代紧密地结合在一起，紧扣时代的脉搏。只有改变原有的教育形式和内容，与时俱进，开拓创新，大学生思想政治教育才能在实践中取得良好的效果。

由此，在用传统文化对大学生进行思想政治教育时，不能搞"一刀切"，不能用传统道德的"君子"的统一标准要求大学生，而是要从大学生的实际出发，针对差异，区别对待，把"广泛性"和"先进性"结合起来，只有这样才能增强思想政治教育的针对性和时效性。

（三）批判继承与发展创新原则

中国传统文化是中华民族几千年兴衰变迁积淀的结果，在形成过程中难免带有时代的烙印，具有时代的局限性。当前在经济全球化的大背景下，有些思想难免与当代思想政治教育产生矛盾和冲突。对此，在应用传统文化对大学生进行思想政治教育时，要用辩证唯物主义和历史唯物主义的观点对待传统文化，进行分析、判断和选择，做到"批判继承，弃糟取精，综合创新，古为今用"。

《关于进一步加强和改进大学生思想政治教育的意见》指出："在继承党的思想政治工作优良传统的基础上，积极探索新形势下大学生思想政治教育的新途径、新办法，努力体现时代性，把握规律性，富于创造性，增强时效性。"创新不仅是一个民族的灵魂，也是思想政治教育应对形势变化的要求，是增强实效性的前提和重要保证。在开发与利用中华优秀传统文化资源时，要善于挖掘中华优秀传统文化的各种资源，不断在增强针对性、时效性上下功夫，使思想政治教育保持旺盛的活力。

贯彻此项原则就是要处理好继承和创造性发展的关系。唯物辩证法认为，事物是不断发展变化的，而发展的本质是实践基础上的继承与创新的对立统一。继承和创新是一个问题的两个方面，继承是创新的基础，创新是最好的继承。对于历史悠久、源远流长的中华传统文化而言更是如此。

故意标新立异、敌视传统，中华文化的发展就会丧失根基和血脉。同样，如果不能随着历史条件和现实环境的变化而不断向前发展，传统文化必将缺乏生机与活力。由此可知，坚持批判性继承与创造性转化相结合，是发挥中华传统文化当代价值的一个前提性要求。

一方面，我们要用批判的眼光传承中华传统文化的思想精华和道德精髓。习近平总书记指出："不忘本来才能开辟未来，善于继承才能更好创新。对历史文化特别是先人传承下来的价值理念和道德规范，要坚持古为今用、推陈出新，有鉴别地加以对待，有扬弃地予以继承，努力用中华民族创造的一切精神财富来以文化人、以文育人。"

另一方面，又要顺应时代潮流，在新的实践中推动传统文化的创造性转化、创新性发展。对此，习近平总书记进一步要求："要使中华民族最基本的文化基因与当代文化相适应、与现代社会相协调，以人们喜闻乐见、具有广泛参与性的方式推广开来，把跨越时空、超越国度、富有永恒魅力、具有当代价值的文化精神弘扬起来。""要坚持古为今用、以古鉴今，坚持有鉴别地对待、有扬弃地继承，而不能搞厚古薄今、以古非今。"如何做好传统继承与现代转换的有机结合，是坚持和发展传统文化必须解决的关键问题。

三、优秀传统文化中思想政治教育价值的实现途径

（一）优化传统教育方式

时代在发展，社会在进步，传统的教育教学方法已难以适应高校发展的需要，因此，促进高校思想政治教育教学方法的改革创新势在必行。

1. 丰富教学内容和改进教学方法

在教育内容上，各高校应当有针对性地完善中华优秀传统文化和高校思想政治教育相结合的知识体系，在思想政治教育教学内容中适量增加中华优秀传统文化内容，进一步夯实高校学生的优秀传统文化功底。

在教学方法上，高校思想政治教育课教师要善于利用现代信息传媒、现代教育教学技术，运用高校学生乐于接受的方式传播中华优秀传统文化，多方位引导高校学生阅读中华优秀传统经典著作和思想政治教育著作，增强思想政治教育的实效性。

在教学手段上，高校思想政治教育课教师要善于观察，善于总结，紧随时代步伐，敏锐把握社会热点问题和高校学生较为关注的问题，并能够从中华优秀传统文化和高校思想政治教育相结合的角度找到解决问题的途径，以此为突破口，既增强对高校学生的吸引力，又使他们通过解决问题接受优秀传统文化和思想政治的双重洗礼，切实提高他们运用优秀传统文化分析问题、解决问题的能力。

2. 完善教材和增加课程设置

2014年3月教育部下发的《完善中华优秀传统文化教育指导纲要》明确指出："在高等学校统一推广使用马克思主义理论研究和建设工程重点教材《中国文化概论》。"教材是开展高校思想政治教育的基本工具，课堂教学不仅是大学生接受专业知识的主要渠道，也是将传统文化融入大学生思想政治教育的重要场所。

课堂是高校学生学习中华优秀传统文化和接受思想政治教育的主阵地。目前高校学生对中华优秀传统文化的认知不足，很大程度上与教材编写和课程设置的不完善有关。中华优秀传统文化博大精深，蕴含着丰富的思想政治教育资源，如果善加挖掘，将其融入高校思想政治教育中去，必将对提升高校思想政治教育的教学效果大有裨益。

首先，要选择合适的中华优秀传统文化经典教材。针对各个年级的特点，选择合适的传统文化内容编入教科书。因为中华优秀传统文化涉及的面很广，有的

是涉及规律原理性的、有的是涉及方法论的、有的是涉及技术层面的、有的是涉及审美层面的，要看高校学生所学专业适合什么内容，教材里就添加什么内容。其次，要充分吸纳中华传统优秀文化最新的研究成果。在教材编写、教案设计上，应体现更多的中华优秀传统文化元素，把中华民族优秀传统文化的最新研究成果、思想精华融入教材教案中去。

目前，我国高校"两课"中还没有专门设置中华优秀传统文化课程，自主选择开设这门课程的高校也不多，且大多以选修课的形式设置，有的高校甚至连这方面的选修课也没有。为了使中华优秀传统文化薪火相传，也为了增加高校思想政治教育的人文元素，增强思想政治教育的民族特色，可以在"两课"中增加中华优秀传统文化课程，将其纳入思想政治理论课程体系中，并作为必修课设置，使其贯穿于高校学生教育的全过程。高校应为思想政治理论课注入人文活力，实现内涵拓展，使之成为思想理论有根可寻、有脉可把的课程。

此外，还要充分发挥第二课堂的作用。教育不能脱离实践，在配合思想政治理论课程和文化课程学习的同时，还应该在大学生中开展富有传统文化内涵的实践活动，增强教育的有效性和吸引力。实践活动要以大学生为主体，由教师主导组织和展开。大学生既是组织者同时也是参与者，活动既是理论学习的延伸，也是大学生传统教育学习的深化。

中华优秀传统文化的学习可以采取理论学习研讨型、文艺活动型、实践型等多种形式。这些丰富多彩的校园文化活动有利于大学生深入学习中华优秀传统文化。高校可以定期邀请"国学"名师、专家开展系列讲座，指导学生阅读经典著作；组织学生开展体现中华优秀传统文化的优秀古诗词朗诵比赛、历史事件演讲、中华经典美文诵读等活动。这些活动可以让学生感受到中华优秀传统文化的博大精深，提升他们的道德修养，进而取得理想的教育效果。

在校外，高校可以组织学生参观历史博物馆、纪念馆，游历祖国的大好河山，了解中华优秀传统文化的人文精神，增强学生的民族自豪感；组织学生积极参加青年志愿者活动、社区实践活动等，让学生在实践中感受优秀传统文化的精神力量。这些丰富多彩的活动，都能增强大学生的民族凝聚力和集体主义精神，使他们养成良好的道德素质，做到知行统一，让他们在实践中形成崇高的人格和健康的人生态度。

3. 创新教育教学机制

中国人民大学、武汉大学、南昌大学等高校相继开设了国学院、国学班，成立专门机构，专职教授中华优秀传统文化，取得了较为理想的效果，值得各级教育主管部门和其他高校借鉴。

在国学院、国学班教育教学过程中，要使中华优秀传统文化与时代有机结合，对中华优秀传统文化既有传承，又有发展，使其兼具时代性和国际性。要制定完善的教育教学方案，加强对中华优秀传统文化的研究与传播。

各高校马克思主义学院、思想政治教研部等承担思想政治教育主要职责的单位，要主动加强与国学院、国学班的沟通交流，实现教育教学信息的共享，合力打造高校思想政治教育的新机制。

此外，各高校可以根据实际情况，增设有关中华优秀传统文化的选修课，举办中华优秀传统文化专题讲座、专题学术报告会等，由本校或者校外具有较高优秀传统文化素养的教师、专家学者专门讲授中华优秀传统文化，进一步拓宽高校学生接触和学习中华优秀传统文化的维度，丰富和完善他们的中华优秀传统文化知识体系。

（二）着力提升教育主体素质

中华优秀传统文化中思想政治教育价值的实现是一个整体性、系统性的工程，需要提升教师的综合素质，调动受教育者的主观能动性，只有这样，才能协调配合，充分发挥教育合力。

1. 提高思想政治教育教师的素质

推动思想政治教育价值的实现，关键在于教师。教师是教学目标的组织者与实施者，应引导教育大学生自觉学习传统文化。但是目前，在思想政治教育教师队伍中很多教师缺少相应的职业素养，自身也不重视思想政治教育课，对优秀传统文化缺少了解，自认为思想政治教育课程很简单，对课程敷衍了事，这就使课程效果大打折扣，起不到应有的作用。因此，优化思想政治教育教师队伍非常必要。优化思想政治教育教师队伍可以采取多种有效途径。

（1）加强教师的教学能力

教师在端正态度、丰富知识的同时，也要提高自身的专业技能，提高教学能力。新时期，新兴媒体的兴起在很大程度上改变了大学生的生活、学习方式，所以教师也要与时俱进，学习先进的教学手段，熟练操作多媒体设备，丰富大学生思想政治教育课堂的内容和形式，用更符合时代的、易于被大学生接受的教学方式来授课。

（2）端正教师的教学态度

通过培训，端正教师的教学态度，要求教师首先有共产主义信仰，理论知识扎实。同时，教师要严谨对待思想政治教育课，自觉改进教学方法和教学手段，严于律己、忠于职守，提高教育成效。教师只有以身作则，才能调动学生学习的积极性。信仰的建立依靠于科学理论的学习和把握，信仰的坚定取决于教师队伍理论素养的提高。教育工作者要有共产主义的信仰，在打好扎实的理论功底的基础上，采取批判继承的态度对待传统文化，汲取传统文化中的精华，从而树立坚定的社会主义信念，自觉为社会主义现代化建设服务。

（3）教师言行一致

"其身正，不令而行，其身不正，虽令不从。"思想教育工作者要用优秀的中华传统美德规范自身的言行，注重以自己的道德表率和模范作用来影响教育对象。教育工作者要忠于职守，严于律己，在理论和实践上提高自身的修养。教师身教和言教并举，言行一致，才能具有较大的感召力和号召力。

（4）丰富教师的优秀传统文化知识

中华优秀传统文化内容丰富，博大精深，所以，作为思想教育工作者首先必须全面领会中华优秀传统文化的深刻内涵。同时，思想教育工作者还要有意识地学习和中华优秀传统文化相关的历史学、美学等方面的知识。

在此基础上，思想教育工作者不断提高分析研究能力、调查观察能力、决策计划能力、宣传表达能力、组织协调能力、自我调控能力。这样，思想教育工作者既懂专业知识又懂相关传统文化知识，所进行的教育也更有说服力。

博学的教师往往能够取得学生的拥戴，所以教师要全面、细致地领会传统文化的内涵，有意识地学习文学、书法、艺术、历史等方面的知识，只有这样才能够赢得学生的喜欢，让传统文化课"活"起来，让学生对传统文化产生兴趣。

2. 吸纳德才兼备的传统文化专家

提升高校思想政治教育工作者的传统文化素养需要较长时间的学习和积累，并非一朝一夕就能实现。因此，广泛吸纳优秀专家人才加入思想政治教育队伍显得尤为必要。专家的加入能够充实教师队伍，确保思想政治教育取得成效。

此外，还可以寻找传统文化爱好者或传承人，通过聘任其为思想政治教育教师、邀请其到高校开展有关传统文化交流与传承的讲座活动，展示传统文化魅力的同时融入思想政治教育内容，从而提升受教育者的传统文化素养，增强思想政治教育的实效性。

3. 充分调动受教育者的主体能动性

中华优秀传统文化中蕴含克己修身和自我省察的方法，如"见贤思齐焉，见不贤而内自省也""吾日三省吾身：为人谋而不忠乎？与朋友交而不信乎？传不习乎？"等。

通过学习这些方法，可以充分调动受教育者的主体能动性，让受教育者通过道德理性来自觉自察，时刻督促自己的行为，把外在的道德要求内化为自己的道德品质，以高尚的道德标准严格要求自己，加强对自己内心道德世界的审视，实现内在超越，并立志长期投入道德实践中去。

（三）多措并举营造优秀传统文化氛围

浓厚的优秀传统文化氛围可以激发受教育者学习中华优秀传统文化的兴趣，使他们乐意接受中华优秀传统文化，从而形成良好的思想道德素质。所以，我们需要采取多种措施，营造浓厚的优秀传统文化氛围，增强大学生思想政治教育的时效性。

1. 保护优秀传统文化的原生环境

要想充分发挥大学生思想政治教育的功能，保护好中华优秀传统文化是基础，如果失去了充足的文化资源，其思想政治教育功能将无从谈起。随着我国经济的迅速发展，旅游产业快速崛起，部分优秀传统文化在旅游业发展的浪潮下受到冲击，部分优秀传统民俗民情受到旅游开发的影响，遭到不同程度的破坏。以韩国为例，早在1962年就颁布了《文化财产保护法》，以国家资助的形式把文化表演艺术、社会风俗、礼仪庆典及有关历史文化活动等文化遗产作为重点保护对象。所以，对中华优秀传统文化资源加以保护势在必行且迫在眉睫。

首先，保护物质形态的中华优秀传统文化资源。习近平总书记要求文化传承要让群众"看得见山，望得见水，留得住乡愁"，传统文化资源本身属于公共资源，政府承担服务者的角色意味着要为思想政治教育提供一套完善、合理的资源配置规则，并确保财政投入的充足与公平。

一方面，高校科研团队要积极发挥科研力量，为政府决策提供智力支持，加强对优秀传统文化资源的开发与利用，科学、有效地参与对物质文化的修缮与保护，在科学研究的引导下保证传统文化资源的历史风貌和文化属性。

另一方面，要提升高校师生的保护意识，动员师生共同参与，共同保护。比如，鼓励师生加入社会志愿服务组织，参加传统文化保护活动，制止肆意破坏文物古迹的行为；表彰奖励保护传统文化的学生或社团；等等。

其次，继承非物质形态的中华优秀传统文化资源。民间手工技艺、民间故事、民俗活动、表演艺术、口头传说、传统节日等形式都是非物质形态的传统文化，包含自强不息、艰苦奋斗、扶危济困、见义勇为、乐善好施、乐于助人、讲信修睦、明礼诚信、克己修身、恪守礼法、忠恕孝悌等道德思想。

传承非物质文化遗产就是以人为主体的文化传递，它是一个民族赖以生存的最深层、最持久的文化精神。因此，必须传承好非物质文化遗产。要通过彰显非物质文化的独特魅力，激发大学生对非物质文化的学习兴趣和保护意识，保证非物质文化得到有效传承。

2. 注重家庭教育

家庭是人生教育的起步点，父母是孩子的第一任老师，也是最重要的老师。家长的教育理念、综合素养，家庭结构、家庭关系和家庭环境等都会对子女的道德品行、知识结构、审美趣味、心理素质、习惯养成等产生深远的影响。从孟母三迁到孟子"国之本在家"的思想，从经典家训家规到传承数代的名门家风，无不体现出中华民族历来注重家庭教育。

正是众多中国人对家庭教育的重视，对家规家训、对优良家风的传承，才形成了中华民族生生不息的内在动力，才促成了中华民族的精神脊梁。例如，历史上十大经典家规家训，内容极其丰富，涵盖了心性修炼、价值选择、为人处世、治理国家、清正廉洁等多方面，从精神层面反映了家庭文化导向的价值追求。通过品读传统文化经典名著、品味中国茶文化、学习中国传统乐器和书法等陶冶情操。子女从小在家庭中受到经典文化的感染和熏陶，在和谐的教育环境中把学习优秀传统文化转变为自觉行为，在潜移默化中传承中华优秀美德，进而推动思想政治教育价值的实现。

3. 充分运用网络媒体

（1）网络传播成为新的传播方式

近年来，随着科技的发展，特别是网络的普及，网络传播取代了传统的传播媒介成为新的传播方式。中华民族优秀传统文化在这个网络时代如何发展成了新的课题。

首先，合理利用网络资源，促进优秀传统文化教育的网络化。互联网成为人们日常生活中不可或缺的一部分，人们足不出户便可知天下大事。互联网的重要意义不言而喻，推动优秀传统文化发展可以利用网络优势，以优秀传统文化为内容，建设优秀传统文化网站、贴吧、社区等。将优秀传统文化与新时期的科技手段相结合，可以提高大学生学习优秀传统文化的积极性，甚至成为优秀传统文化的传播者。

其次，加强校园网络文化建设，注重对优秀传统文化的继承和弘扬。中华优秀传统文化需要大学生的继承和传播，同时大学校园也召唤优秀传统文化教育的介入。校园网络建设是植入优秀传统文化教育的有效方式，通过在校园网络中宣传优秀传统文化，可以促使优秀传统文化得到推广和传播。借助校园网络，将优秀传统文化与时代特征相结合，用新时代的内容去解读优秀传统文化，使优秀传统文化深入大学生的心中，提升大学生的人文素质。

（2）大众传媒推动优秀传统文化的发展

高校对大学生进行优秀传统文化教育，应该学会如何利用大众传媒推动优秀传统文化的发展。比如，通过广播、电视等传媒，选择生动且有教育意义的电视作品，推动优秀传统文化教育的发展。

学校可以通过校园广播，定期做一些有关传统文化的节目；可根据学生的兴趣爱好和思想状况订购与传统文化相关的报纸杂志；可以举办和传统文化相关的读书活动，让学生交流心得和体会；还可组织学生收看《百家讲坛》栏目。通过这些手段可以帮助大学生对传统文化产生兴趣，树立正确的人生观、世界观、价值观，加强大学生的思想政治教育。

4. 重视朋辈群体的作用

朋辈群体也被称为"同龄群体"，或者称为"同辈群体"，主要是由年龄、爱好、态度、价值观、社会地位等方面相似的人组成的关系比较密切的松散性群体。

古往今来，中华优秀传统文化都十分重视朋辈群体的作用。"友直、友谅、友多闻，益矣""近朱者赤，近墨者黑"就充分体现出朋辈群体之间会产生影响，和优秀的人交往能够使自身增长见闻、收获知识，有助于提升个人道德修养。和谐的朋辈群体交往，有助于学生树立正确的世界观、人生观、价值观。朋辈群体的价值观念和行为规范对其成员会产生无形的影响，促使朋辈群体成员产生认同。与家庭交往和师生交往相比较，朋辈群体之间的交往更加密切，更加频繁，更加直接。

举例来讲，中国诗词大会这个节目举行的宗旨就是鉴赏中华诗词，寻求文化基因，体会生活美感，不论职业、年龄，广泛吸收诗词爱好者报名参赛。年轻的冠军获得者武亦姝等高校大学生在舞台上展现中华诗词魅力的同时吸引了无数青年学生学习中华经典诗词，汲取中华优秀传统文化的营养。

（四）完善思想政治教育功能发挥的机制

1. 细化制度体系

高校的制度文化是高校校园文化建设的重要内容，是校园精神文明、价值理念的外化。因此，细化制度体系就是要建立健全思想政治教育各项制度规范和管理条例，不断提升思想政治教育科学化水平。

从制度规范的对象看，大学生思想政治教育制度体系可分为思想政治教育工作制度、管理制度、评估制度、奖惩制度等。制定健全、完整的大学生思想政治教育制度后要坚决贯彻执行，并内化为师生的行为准则、心理倾向、文化观念。

健全的大学生思想政治教育制度规范不仅对师生行为具有强大的约束力，还可极大地提高思想政治教育工作的效率，使思想政治教育有据可依、有章可循。

高校师生各守其位，各司其职，严格遵守学校的规章制度，做好本职工作的同时，努力提高道德修养，从而让制度体系上升为文化习惯，让制度体系内化为校园精神，让高校师生在积极、健康、和谐、文明的校园文化环境中提升思想道德素质，养成文明、规范的行为。

2. 增加经费投入

大学生思想政治教育依托于一定的物质载体，没有物质载体，教育就很难达到预期效果。而没有经费投入，载体建设就没有保障。因此，大学生思想政治教育要提供一定经费，从而建立各种基础设施，优化活动环境，保障思想政治教育工作有序运行。百年大计，教育为本；教育大计，德育为先。

国家和地方各级教育主管部门要把足够的思想政治教育经费列入政府开支预算，高校行政部门也应该优先保障思想政治的经费投入。关于资金的来源问题，可以探索建立多渠道来源、多层面投入的思想政治教育的体制机制。

一是各级政府对高等教育的财政拨款。合理配置教育经费，设立思想政治教育专项资金账户，做到专款专用。

二是面向社会筹集专项教育资金，作为开展思想政治教育的补充经费。高校要充分发挥学校的社会影响力，利用校友资源，广泛发动企业、团体和社会公众捐资办学，多渠道、多形式地筹集社会资金，为思想政治教育的顺利开展提供经费保障。

通过各种方式筹集资金，加大思想政治教育工作的经费投入，改善大学生思想政治教育的工作环境，激发大学生思想政治教育工作者的积极性，提升大学生思想政治教育的实际效果。

3. 完善反馈评价机制

首先，改进反馈环节，完善测评机制，综合多主体、多视角、多源头的评价，才最有可能达到教学评价目的。教学反馈的信息直接来源于教学监管部门，并受教学监管部门的间接影响。教学反馈评价是由具有不同评价需求的人和组织构成的，即学校的教学监管部门、院（系）教学督导组、教师和学生。这些组织或个人的评价角度不仅影响着评价的维度、工具和方式，还影响着信息的加工程度。但是，这些组织或个人的评价对象是一致的，即教师的"教"和学生的"学"。应该从不同角度进行价值评价，以发挥教学反馈的实质性作用，从而促进教育功能的发挥。

其次，完善评价体系，坚持全方位、多层次、科学化的全面评价。学校教育应该坚持以德育为基础，以育人为根本，把思想政治教育放在首要位置，促进学生德、智、体、美的全面发展。有学者认为，评价内容体系要做到由外部到内部，深度测评，既要关注理论知识的认识深度，又要关注对行为层面的评价；既要关注考核的成绩，又要关注日常表现；既要关注结果，又要关注学习的完整进程。所以，要制定合理的评估系统和科学的评价指标，秉持以人为本的测评理念，坚持以提高人的思想道德修养、促进对中华优秀传统文化的认同为目标，将人的思想道德修养与学校综合性素质测评结合起来，注重教学实效，助力学生的全面发展。

第七章 完善大学生优秀传统文化教育的路径

发展针对大学生的优秀传统文化教育对于实现中华民族的伟大复兴有着积极意义。当下，我国教育层面的工作目标是创设符合各个阶段的优秀传统文化教育，推进大学生优秀传统文化教育进一步完善与发展，让我国的优秀传统文化教育工作能够更好地服务国民对于文化教育的需要。本章分为创新优秀传统文化教育的传统模式、坚持优秀传统文化教育的科学原则、营造优秀传统文化教育的健康环境、提高优秀传统文化教育的教师素质、完善优秀传统文化教育的评价机制五部分。

第一节 创新优秀传统文化教育的传统模式

一、创新教材编制

据调查，目前尚没有针对大学阶段的中华优秀传统文化教育的统一教材。关于中华传统文化概论、中国文化概论的相关著作有近百种，大多为学者所著，比较有影响的是教育部高教司组编，张岱年、方克立主编的《中国文化概论》。

同时，一些教材重知识讲授、轻精神内涵阐释，教育内容与其他教材的结合不够紧密，没有体现大学阶段的特点。此外，大学阶段的中华优秀传统文化教育不同于其他学段的教育，在教育目标与教材内容方面应有独特要求。因此，在教材编写、课程设置方面应与大学阶段的中华优秀传统文化教育的要求相适应。

第一，编写专门教材。教材编写要依据《完善中华优秀传统文化教育指导纲要》要求，加强各学段教材的上下衔接、横向配合。应组织专家学者撰写适应不同层次学生使用的中华优秀传统文化教育专门教材，增强教材的专业性与实用性，避免教育内容的重复，确保教材内容的连续性。编写与教材配套的教辅资料和练习书，增强教育实效。教材内容应密切联系学生生活，设计科学的呈现和编排方式，增强对学生的吸引力。

第二，开发特色校本教材。校本教材是指学校教师个体或群体，在学校课程设计的总思路下，根据自身特点和区域文化特色，为有效开发校本课程，利用校内外教学资源，自主编写和开发满足学生个性发展的教材，包括教师编写的讲义、补充的阅读材料及正式出版发行的教材。要根据"差异性与整体性融合、适应性与发展性兼顾、知识性与趣味性并存、生活性与教育性统一的原则"，开发和选用具有区域特色的中华优秀传统文化教材，鼓励开发实用性强的校本教材。

例如，福建省教育厅支持地方和高校利用地域优秀传统文化的教育资源，编写出版《福建历史文化简明读本》《朱子读本》《林纾读本》《陈嘉庚精神读本》《客家文化读本》《闽台文化读本》《福建文化名人读本》等系列文化读本，开设专题地方课程和校本课程。

第三，修订相关课程教材。将中华优秀传统文化的基本内容写入德育、历史、文学、艺术等相关课程教材中，增加中华优秀传统文化在这些学科教材中的比重。统筹各学科，充分发挥人文社会科学学科的独特育人优势，进一步提升课程的育人价值。同时，加强学科间的相互配合，形成育人合力，发挥综合育人功能。

二、创新教育内容

高校中华优秀传统文化教育模式单一的重要原因是课堂教育内容单一。所以，创新中华优秀传统文化的教育模式，首先要创新教育内容，将古诗文、文艺活动、文艺表演、书法、艺术、乐器表演等融入课堂。习近平总书记要求高度重视中华优秀传统文化的传承，指出："古诗文经典已融入中华民族的血脉，成了我们的基因。语文课应该学古诗文经典，把中华民族优秀传统文化不断传承下去。"

中华优秀传统文化具有悠久的历史，这是传承的基础。但是，随着时代的变化，不同时期中华优秀传统文化具有不同的表现形式，又需要我们进行创新，创新中华优秀传统文化的教育内容要注意处理继承和创新之间的关系。习近平总书记指出："对历史文化特别是先人传承下来的价值理念和道德规范，要坚持古为今用、推陈出新，有鉴别地加以对待，有扬弃地予以继承，努力用中华民族创造的一切精神财富来以文化人、以文育人。"这是我们创新的原则。

2014年3月26日，教育部制定并发布了《完善中华优秀传统文化教育指导纲要》，2017年1月25日，中共中央办公厅和国务院发布了《关于实施中华优秀传统文化传承发展工程的意见》，规划了继承中华优秀传统文化的主要内容和重点任务。

中华优秀传统文化复杂、广泛而深刻。如何在短期内向学生传授这些内容是一个关键问题。要以精选教学内容为核心，选择那些贴近学生日常生活，容易引起学生共鸣，激起大学生的思想火花的内容。中华优秀传统文化是中国人民思想观念、风俗习惯、生活方式的集中表达，所以，教师在课堂讲授中可以选择一些社会热点，如2008年北京奥运会等，进一步理解文化是民族凝聚力和创造力的重要源泉的理念。

中华优秀传统文化的育人功能和高校思想政治教育的育人功能具有一致性。在传承中华优秀传统文化的过程中，要注重与思想政治理论课相结合。

目前，中国各个高校必须面向全体学生，开设思想政治理论课。所以，相比于中华优秀传统文化课，思想政治理论课的受众更广，开设时间更长。将中华优秀传统文化中蕴含的丰富的思想政治教育内容、原则和方法，古为今用，充分运用到当代思想政治教育课堂具有重要意义。

诸如，中华优秀传统文化中蕴含的"讲仁爱、守诚信、崇正义、尚和合、求大同"的价值理念，正是现在高校思想政治课堂上要达到的目标，即培育大学生具有推己及人的同理心、和而不同的包容心、守望相助的友善心，引导他们正确处理个人与他人、个人与社会、个人与自然的关系。

再如，在思想政治教育中，中国近代以来的革命文化和社会主义先进文化，与中华优秀传统文化一脉相承，近代中华儿女受到中华优秀传统文化的熏陶，形成强烈的爱国意识，最终实现了革命的胜利。通过将中华优秀传统文化和思想政治理论教育相融合，浇灌学生，使学生了解、认清中华文明的辉煌过往，增强文化自信。

三、创新教育方法

为了推动青少年优秀传统文化教育进一步发展，有必要对优秀传统文化的教育方法进行创新，具体来讲包括以下几方面。

（一）推行说理教育法

说理教育法，就是通过阐释某种思想理论去说服人、教育人的思想政治教育方法。教育者遵循"理论只要彻底，就能说服人"的基本理念，通过共享的话语系统，向受教育者阐释基本理论，训练受教育者的思维能力，提升受教育者的理论水平，从而促进受教育者思想素质的提高。由于说理教育法是以真理的力量感染、感化受教育者的，因此，它易于被受教育者所接受。

说理教育法可以采用多种途径，理论讲解、聆听报告、讨论辩论、个别谈话、集体谈话等都是说理教育法的途径，可以根据不同的环境，采用不同的途径。

高校教育者可以采用说理教育法向大学生讲清楚中华优秀传统文化积淀着中华民族最深沉的精神追求，是中华民族生生不息、发展壮大的丰厚滋养；讲清楚中华优秀传统文化是中华民族的突出优势，是我们最深厚的文化软实力。通过这种方法，教育者可以向大学生系统地表达、传递中华优秀传统文化的义理，这有利于教育者把中华优秀传统文化的义理阐释得较为清楚，也能够使大学生认同这些义理，并把它落实在行动中。

（二）推行实践锻炼法

所谓实践锻炼法是指在教育者的指导下，通过有目的、有计划、有组织的实践活动，培养受教育者的优良品德和行为习惯的方法。这种方法有利于深化受教育者对所学理论知识的认知，提高受教育者的思想觉悟，增强受教育者的认识能力。虽然实践锻炼法是重要的，但它的作用的显现是需要借助一定途径的。开展社会调查、社会考察、参观访问、社会公益活动、各种比赛活动等都是实践锻炼法的有效形式。实践锻炼法也是开展大学生中华优秀传统文化教育的方法。中华优秀传统文化作为理论知识，应该被大学生接受，并用以培养他们高尚的思想品德，这并不仅仅是一个理论问题。如果大学生只是在认知层面对中华优秀传统文化知识进行了解，那么大学生对中华优秀传统文化就会知之不深，教育的效果也不佳。因此，大学生中华优秀传统文化教育还是一个实践问题。通过实践锻炼，不仅能深化大学生对中华优秀传统文化的认知，而且也能增强大学生对它的认同。

（三）推行自我教育法

自我教育法是指受教育者根据思想政治教育的目标和要求，在自我意识的基础上通过自我认识、自我体验、自我控制产生积极进取之心，主动接受先进的思想和正确的行为，形成良好的思想品德和行为。它的实质就是受教育者的自我教育。由于自我教育法强调了受教育者的自觉能动性，它能使受教育者更加积极、主动地学习，因此，这更有利于实现思想政治教育的目标和要求。

自我教育可分为两种形式，即个体的自我教育和群体的自我教育。个体的自我教育是受教育者通过自我学习、自我总结、自我反省等方式提高自我修养的方法。它包括自学、反思、自律等方式。群体的自我教育是在群体内部，各成员之间互相影响、互相启发、互相促进、互相帮助，群众自己教育自己的活动。它包括辩论会、集体讨论等方式。不管是个体的自我教育，还是群体的自我教育，其最终落脚点都在于提高受教育者的思想道德素质。

大学生中华优秀传统文化教育虽然离不开高校教育者的教育活动，但如果把取得效果的希望，仅仅寄托在高校教育者身上，这是不现实的。这就需要大学生发挥内因的作用，自我总结、自我反省、自我约束，并依靠自我的力量，主动接受中华优秀传统文化知识，提升自己的思想道德素质。通过自我教育法所习得的中华优秀传统文化知识，大学生会把它记得更牢、理解得更为深刻。

（四）推行感染教育法

所谓感染教育法，就是人们在无意识和不自觉的情况下，受到一定环境的影响、熏陶、感化而接受教育的方法。它的依据就在于渗透原则。感染教育法可以使人们在不知不觉中接受教育，获得"润物细无声"的效果。

感染教育法的实现途径如下。

一是情景感染。情景感染可分为外在既有环境感染和创设环境感染。外在既有环境可以是静态的，也可以是动态的。人是社会的动物，社会存在决定人们的社会意识，社会意识进而会影响人们的行为。因此，高校教育者可以把中华优秀传统文化的"基因"注入外在既有的环境之中，从而影响受教育者。当然，高校教育者也可以创设新的教育情景，以增强大学生中华优秀传统文化教育的实效性。高校教育者可创设对话情景，即在轻松愉快的氛围中，通过对话的方式，把中华优秀传统文化的内容传授给受教育者；也可采用游戏的方式，即把中华优秀传统文化的内容融入游戏之中，通过游戏的方式，传递给受教育者。

二是行为感染。行为感染包括行为带动感染和人文关怀感染。行为带动感染，就是通过教育者的行为，带动受教育者效仿教育者的行为，达到思想政治教育的目的。具体而言，就是要求高校教育者带头实践，用自己的行为感染大学生，从而实现大学生中华优秀传统文化教育的目的。此外，中华优秀传统文化中也有很多人文关怀的语言，当高校教育者用这些话语对大学生实施人文关怀时，这更加有利于大学生接受中华优秀传统文化。

四、创新教育手段

新形势下,结合教育环境的新发展与大学生思想意识的新变化,应不断创新教育手段。善用节日庆典、会用网络媒体、常用体验参与是新形势下完善大学生中华优秀传统文化教育的又一有效途径。

(一)善用节日庆典

传统节日是中华优秀传统文化的重要组成部分,是中华优秀传统文化和传统美德的重要载体,蕴含着中华优秀传统文化深层次的文化内涵与价值元素。各种各样的仪式庆典同样承载着丰富的内涵,蕴含着一定的价值观念,具有教育功能。传统节日和仪式庆典所营造的浓厚的文化氛围成为推进大学生中华优秀传统文化教育发展的重要契机。

1. 运用节日庆典的独特优势

所谓节日庆典,是各种节日、庆祝仪式、纪念活动的统称,既包括全国性的春节、中秋节、国庆节、中国人民抗日战争暨世界反法西斯战争胜利纪念日等,也包括各少数民族、各地区、各社会团体的独特节日和仪式,如少数民族的泼水节、火把节、古尔邦节,还有学校的开学仪式、升旗仪式等。运用节日庆典对大学生进行中华优秀传统文化教育具有独特优势。

第一,有利于提高大学生的参与度。节日庆典的趣味性能够调动大学生的参与积极性;节日庆典的生活性为中华优秀传统文化教育营造了良好氛围,提供了鲜活素材和有效切入点。

第二,有助于提升大学生的接受度。大学生容易受节日庆典氛围的感染。不管是传统节日还是重大庆典,特定的环境氛围所传递的价值观念、伦理道德与生活方式更容易被大学生所接受。除去节日庆典本身所要求的特定时间节点和仪式要求,其中所包含的天人合一、崇尚和谐、忠义爱国等思想更易于被大学生所接受。

第三,能够增强大学生的认同感。节日庆典具有广泛的群众基础,大多缘起于人民群众,传承于人民群众,可以利用传统节日、仪式庆典加强大学生的生活体验。比如,利用传统节日感受民俗,如端午赛龙舟、清明祭扫等,引导大学生在互动体验中将中华优秀传统文化的基本精神内化于心、外化于行。

2. 挖掘节日庆典的文化内涵

运用中华传统节日和庆典仪式对大学生进行中华优秀传统文化教育,就要善于挖掘其中蕴含的思想文化内涵，营造浓厚的继承传统、注重礼仪的文化氛围。

第一，要挖掘传统节日所蕴含的尊亲敬老、仁爱和谐等思想。深入挖掘传统节日所具有的深厚传统文化底蕴。比如春节吃团圆饭、放鞭炮，端午节吃粽子，清明节纪念祖先，中秋节家人团圆吃月饼，等等。这些传统习惯中所蕴含的对国家的热爱、对自然的尊重、对和谐人际关系的追求、对亲人长辈的尊重和关怀等，都是大学生中华优秀传统文化教育的重要内容。

第二，要挖掘庆典仪式所蕴含的爱国主义、勤奋自强等思想。深入挖掘学校的升旗仪式、运动会、校庆、开学第一课、纪念日等庆典的重要教育意义，以国家公祭日、烈士纪念日等为契机，组织师生前往烈士陵园、纪念馆、爱国主义教育基地等参观学习、接受教育，激发大学生热爱祖国、勤奋自强等思想情感。

3. 运用节日庆典的生动形式

中华传统节日和庆典仪式的生动形式可以成为大学生中华优秀传统文化教育的有效形式和有益借鉴，要在利用传统节日、庆典仪式的固有形式的同时创新形式。

第一，利用节日庆典的固有形式。要注重利用春节、元宵、清明、端午、中秋等传统节日，深入开展各种各样的主题活动，领会民风民俗、仪式规程的文化内涵，确保传统节日的"传统"不被淡忘，庆典仪式的"礼仪"不被丢弃。

第二，创新节日庆典的形式。要推动传统节日的现代转型，增强传统节日的群众参与性与文化形式的丰富性。开展移风易俗活动，创新民俗文化形式，形成与历史文化传统相承接、与时代发展相一致的新民俗。

第三，在利用节日庆典的生动形式的同时，注意形式与内容的有机结合，形式服务于内容，不能"只看热闹，不看门道"，要引导大学生感受其中蕴含的中华优秀传统文化内涵，接受中华优秀传统文化教育。

（二）会用网络媒体

充分运用互联网资源，增强中华优秀传统文化课堂的直观性、生动性、趣味性。互联网成为当代大学生重要的学习手段，高校应充分重视互联网、新媒体在学生中的影响力，在有条件的前提下，将中华优秀传统文化的课程从线下变成线上，开发网络学习和活动的内容。

1. 开设校园网站

为了实现把中华优秀传统文化融入网络之中，在校园网上开设"中华优秀传统文化教育网站"是必要的。但问题在于怎样让大学生接受这个网站,并实现对网站资源的内化。为此,可从如下几个方面思考。

(1)要满足大学生的需要

心理学表明,需要产生动机,动机支配行为。需要是推动人类行为活动的原动力,它深藏于人们的心中。这说明,人们的需要是人们行为的内驱力。因此,在校园网上开设"中华优秀传统文化教育网站",就要从满足大学生主体的多重需要出发,从生活叙事出发,尽量避免宏大叙事。而不能只从网站建设者自身的角度考虑问题,自说自话。如针对大学生获取"先秦子学"知识的需要,我们可以把《论语》《孟子》《老子》《庄子》等子学典籍数字化,制成精美的图片,放在网站上,使大学生可以进行网络阅读;针对大学生自我实现的需要,可以组织优秀传统文化网络知识大赛,满足他们"表现自我而获得成就感的需要";针对大学生热爱传统武术的需要,可以把太极拳等谱制成图片放在网络上,同时配以真人演示的录像,使其不仅有图片,而且也有声音、图像,以使大学生更易于学习。

总之,网站的建设要从大学生的需要出发。只有如此,大学生才愿意点击"中华优秀传统文化教育网站",大学生的道德素质才能提高。

(2)要解决大学生的思想问题

便捷、精美的页面是网站追求的目标。当然,这也是网站所需要的。但这种做法只能突出网站的"灌输"功能,并不能解决大学生深层次的思想问题,这就需要"中华优秀传统文化教育网站"开通网络互动的平台,解决大学生的思想问题。

在日常生活中,大学生有很多思想问题,诸如同学之间关系的处理、恋爱问题等,他们无法诉说或不知向谁诉说,网络互动平台就给了他们倾诉的场所。网络教育者要针对大学生的心结,用中华优秀传统文化知识给予答复,从而实现网络互动,以解决大学生的思想问题。在这样的氛围中,大学生也将不再感到这是"主体—客体"的教育模式,也更容易被接受。

2. 嵌入"微媒介"中

随着科技的发展,尤其是智能手机的普及,微博、微信等"微媒介"悄无声息地把人们带进了微时代,它以传播速度快、传播内容的冲击力强等特征,深刻地影响着人们的生活。

当今大学生接受新事物的能力强,微博、微信等"微媒介"由于注册简易、操作简便,已经成为当今大学生思想交流的重要网络工具。就高校而言,也需要教育者把中华优秀传统文化嵌入"微媒介"之中,突出"微力量"传承中华优秀传统文化的作用,以深化大学生对中华优秀传统文化的认识,从而使大学生内化优秀传统文化,从而提升他们的思想政治素质。

(1)重视"微媒介"平台的开通

《关于进一步加强和改进大学生思想政治教育的意见》指出:加强网络思想政治教育队伍建设,形成网络思想政治教育工作体系,牢牢把握网络思想政治教育主动权。在微时代,高校就需要开通各层面的"微媒介"平台,如高校层面的、高校有关部门层面的、高校思想政治工作者个人层面的。但这仅是"微媒介"传承优秀传统文化的基础,因为"微媒介"平台并不能自动传承中华优秀传统文化。这就需要教育者通过各种方式,自觉把优秀传统文化的内容渗透进"微媒介"平台,并使大学生接受。

(2)重视"意见领袖"的培育

"'意见领袖'是指在突发事件的产生、发酵和传播等环节中起主要推动作用的网民。"他们拥有强大的话语权,在网络舆论领域具有引导作用。调查表明,很多大学生易受他人影响,从众心理明显。我们可以依据大学生的这种心理,在"微"生活中,培育传承优秀传统文化的"意见领袖",以突出"羊群效应"。

"微"平台虽然是"去中心化"的平台。但不可否认的是,很多高校的教育者,尤其是辅导员对大学生的成长产生了重要影响,很多大学生也把他们作为人生导师和知心朋友,并希望能从他们那里获得权威信息。也就是说,高校的很多辅导员具有较强的"向心力"。

为此,可以把他们打造成"意见领袖"。在"微"生活中,也有一些大学生,他们很有思想和见解,能够独辟蹊径、引领"微"生活,深得其他同学的认同,也可把他们培育为"意见领袖"。

在"意见领袖"的微博、微信上,发布优秀传统文化的文字、音频、图片、视频等,通过"粉丝"的"围观",并结合大学生的学习、生活、情感等现实生活问题进行探讨,使得中华优秀传统文化不再是空洞的、死板的教条,而成为活的知识。这就在虚拟生活中,给大学生烹制了一份精美的"心灵鸡汤",也可以深化大学生对优秀传统文化的理解,从而为提升大学生的思想政治素质打下良好基础。

(3)重视"微"舆情的引导

微博、微信等"微媒介"虽然方便了人们的生活,但"微"生活领域并非净土一块。就优秀传统文化而言,在"微"生活中,也存在对它的歪曲理解;甚至有人打着优秀传统文化的幌子，传播着虚假的文化。这就要求教育者细心甄别，重视对舆论的引导。

对"微媒介"中那些有利于大学生健康成长的优秀传统文化，要积极转发。而对"微媒介"中那些被歪曲理解的优秀传统文化或虚假的文化，就要求教育者指出假象，说明危害，促进正确舆论的形成。大学生徜徉在优秀传统文化的"微"生活中，就会受到优秀传统文化的熏陶，优秀传统文化的精神也会像种子一样被"种"进大学生的心中，从而生根、发芽，促进大学生思想政治和科学文化素质的提高。

（三）常用体验参与

创新大学生中华优秀传统文化教育的方式，需要改变传统的以教师讲授为主的灌输式教育，充分利用开放课堂、混合式教学、翻转课堂、参与式课堂、课外活动等方式，让大学生在实践活动中体验、参与，突出中华优秀传统文化教育的道德实践导向，以体验式、互动式、情景式教学，使大学生认可中华优秀传统文化，对中华优秀传统文化"好学乐知"。

1. 实施参与式教学

参与式教学是在以学生为中心，以活动为主，共同参与的理念指导下，强调在教学中体现学生主体地位的教学组织形式和教学方式。通过实施参与式教学，可以让大学生积极参与到教育过程中，使之成为中华优秀传统文化的宣传者，充分调动大学生的主观能动性，提高大学生的积极性。

第一，增强教育的趣味性。要将中华优秀传统文化深厚的哲理形象地表现出来，转变为可见、可学的生动例子，找到中华优秀传统文化和大学生成才需求的契合点，激发大学生学习的兴趣，如通过传统诗词朗诵、猜灯谜、知识竞赛等喜闻乐见的活动，广泛吸引大学生参与。

第二，推进教学方法改革。引导大学生积极参与课堂，使大学生成为中华优秀传统文化的主动学习者和研究者。比如，针对当今社会发展中存在的一些难题，通过讨论、辩论、启发的方式鼓励大学生从中华优秀传统文化中寻找答案和解决方案，真正让大学生认识到中华优秀传统文化的现实意义和深远价值，将中华优秀传统文化学习的自发行为转变为自觉行为。

第三，亲身感受教育内容。组织大学生参观烈士陵园、英雄纪念碑、名人故居以培养大学生的爱国情怀。根据学校实际情况，组织学生考察文化遗址，参观民族历史博物馆、民俗馆、纪念馆、文化馆、科技馆、图书馆、美术馆等，了解我们国家悠久、丰富的文化遗产。通过实践活动把历史和现实结合起来，把民族精神和时代精神结合起来，把知识传授、理论教学与社会实践结合起来，让大学生在体验中提升中华优秀传统文化素养。

2. 充分利用第二课堂

课堂教学以外的各种教育形式和活动是大学生中华优秀传统文化教育必须充分利用的第二课堂。开展大学生中华优秀传统文化第二课堂教育实践活动，能够促进大学生的知识、情感、行为的有机统一。

第一，利用好学生社团、专题讲座等校内第二课堂。高校可以成立大学生中华优秀传统文化宣讲团，使大学生在宣讲准备的过程中增强对中华优秀传统文化的认同，在宣讲过程中加强对其他大学生的中华优秀传统文化教育；鼓励大学生成立社团、协会，鼓励大学生社团经常开展"品读经典""读书节"等活动，引导大学生养成阅读中华优秀传统文化经典名著的良好习惯；邀请专家学者开展中华优秀传统文化专题讲座，为大学生学习中华优秀传统文化提供深入指导。

第二，开展好社会实践、志愿服务等校外第二课堂。充分发挥社会实践、志愿服务的作用，引导大学生在服务他人、奉献社会中提高对中华优秀传统文化的认识。依托大学生"三下乡"社会实践活动，通过组织大学生开展社会调查、志愿服务等，积极引导大学生参与到非物质文化遗产、历史遗址遗迹、地方戏曲、民间故事等地方优秀传统文化资源的保护和传承中去。定期开展参观体验、专题调研、研学旅行、红色旅游、志愿服务和社会公益活动，使大学生切身融入丰富的历史文化中，在亲身接触中了解中华民族的悠久历史和灿烂文化，增强民族自信心和自豪感。

第二节 坚持优秀传统文化教育的科学原则

一、坚持以人为本原则

以人为本是指在思想政治教育中要尊重人、理解人、关心人、帮助人，广大人民群众的生存和发展需要（或根本利益）是思想政治教育的基本立足点和最终归宿。尊重人就是要尊重人的需求、兴趣、创造和自由，要平等待人，在平等的基础上双向互动，进行思想沟通。理解人就是要理解人的所思所想，思想政治教育的内容只有建立在人的所思所想的基础之上，能够解决人的思想问题和实际问题，才能充分释放能量。关心人主要是要关心人们的生活，关注人们的现实需求，通过感受、体验、感染，使人们在情感共鸣和潜移默化中转变思想观念，提高思想认识。帮助人就是要对人施以援助，这种援助既可为物质上的，也可为精神上的。

以人为本强调人是社会发展的目的，思想政治教育就是要能答疑解惑，从而解放人、发展人。大学生中华优秀传统文化教育也需要坚持以人为本的原则。高校教育者只有坚持以大学生为本，大学生才能对高校教育者所传授的中华优秀传统文化予以接受，并进行内化。另外，大学生在日常生活中，也有很多思想问题和实际问题需要解决，也需要得到别人的尊重、理解、关心和帮助。中华优秀传统文化中有很多可以解决大学生实际问题的微言大义，它可以化解大学生的心结，使大学生心胸开阔，让大学生感受到温暖。这就要求高校的教育者善于运用这些微言大义，把中华优秀传统文化的人文关怀力量传达给受教育者。

二、坚持创新性原则

创新是一个民族进步的灵魂，是一个国家兴旺发达的不竭源泉。文化的发展也需要创新。创新赋予了文化进步的灵魂，文化也因为创新而不断进步。文化如果失去了创新，它将停步不前，成为一潭死水。

中华优秀传统文化虽具有丰富的资源，但不可否认的是，中华优秀传统文化都有其产生的时代背景，都会打上时代的烙印，而缺乏现代社会的气息，这不利于大学生对它的接受。这就要求高校的教育者从辩证唯物主义和历史唯物主义的视角出发，对中华优秀传统文化秉持客观、科学、礼敬的态度，不断赋予中华优秀传统文化新的时代内涵和现代表达形式，不断补充、拓展和完善，使其与当代文化相适应、与现代社会相协调。总而言之，大学生中华优秀传统文化教育需要坚持创新性原则。

其实，大学生对创新了的中华优秀传统文化是喜欢的，是愿意接受的，并乐于把它融进自己的思想之中，相关的情感维度调查结果也说明了这个问题。大学生也懂得：文化是民族的血脉，中华优秀传统文化是中华民族之根。

三、坚持实践性原则

实践是马克思主义的根本特征，实践的观点是马克思主义哲学的基本观点。实践本质上是作为主体的人能动地改造世界的活动，正是实践，将人与动物区别开来，它是人的存在方式，是人所特有的活动，任何人、任何活动都离不开实践。

传统文化教育在某种程度上就是中华传统优秀道德教育，道德在本质上也是一种实践，是人们在现实生活中总结的经验和道理，且道德的形成关键在于实践，因此，这决定了在传统文化教育的过程中，我们必须遵循实践性原则。在高校进行传统文化教育的最终目的是使优秀传统文化知识外化于大学生的实践，通过实践活动提高大学生的实践能力，在传统文化教育过程中要重视实践在其中起到的作用。

一方面，教育者在传授传统文化相关知识时，要与大学生的实际生活紧密相连，立足于他们的现实需要，使教育者能够将理论知识与现实生活相结合，在生活中体验优秀传统文化；另一方面，教育者要注重运用实践教学的方法，传统文化的教育不应仅仅局限于课堂，更重要的在于通过亲身经历的方式将传统文化的精髓内化于心，使受教育者在现实生活中感受到真实的传统道德内容，通过组织各种各样的实践活动来加强对大学生的传统文化教育，并从实践中体验、感悟传统道德知识的现代价值，同时从实践中创新和传承中华优秀传统文化。

四、坚持目的性原则

实现人的自由全面发展是马克思对共产主义社会中人的发展状态的美好追求和希冀，也是教育的终极目标。

在我国教育发展的过程中，培养德智体美劳全面发展的社会主义接班人和建设者是主要任务，虽然全能型人才的培养由于社会条件和人自身特性的原因存在种种困难，但是此目标也绝不是不可实现的。大学生传统文化教育的目的是使大学生能够提升道德修养和道德素质，成为一个优秀的"文化人"。遵循传统文化教育的目的性原则就是要使传统文化深入大学生的内心，按照人的发展和社会发展的要求培养合格的社会主义事业的建设者和接班人，把促进大学生的全面发展当作最终目标，为实现他们的"个性自由"努力。因此，高校要始终立足于促进大学生的全面发展，挖掘传承和创新传统文化的潜在能力。

教育者要遵循大学生个人全面发展的要求，进一步对受教育者学习传统文化知识的能力提出要求，在尊重他们个性的基础上，挖掘潜在的能力，包括对传统文化内涵的认识和理解、对传统文化内容的探讨和对传统文化当代价值的体会，这都会对现代传统文化的传承和创新起到积极作用，从而实现中华优秀传统文化的时代化。

五、坚持主体性原则

唯物辩证法告诉我们，外因要通过内因才能起作用。因此，大学生中华优秀传统文化教育要取得效果，就不能只强调教育者的作用，更要突出受教育者的作用，尤其要突出受教育者的主体性地位。换言之，就是要突出主体性原则。

所谓主体性原则，实际上就是主体转化原则，指作为思想政治教育主体的教育者，将教育对象视为实现教育目标的主体，充分尊重其主体地位，通过调动教育对象自我教育的积极性实现思想政治教育的目标的原则。主体性原则的有效使用，有利于培养受教育者的自我教育能力，使其自觉内化教育内容，从而实现由他教向自我教育的转化。

主体性原则的实现，除了需要教育者加强教育、引导之外，更需要调动受教育者的积极性。调动受教育者积极性的方法虽有多个，但其中一个重要方法就是满足受教育者的需要。为此，就要从受教育者的需要角度出发，加强引导。心理学表明，需要引起动机，动机支配行为，由此可以看出，需要是推动人类行为活动的源动力。

中华优秀传统文化有益于提升大学生的思想政治品德素质，这一点是无可辩驳的。但"有益于"并不等于大学生能够接受，或者说愿意接受。这就是说，对大学生进行中华优秀传统文化教育，要重视和了解大学生的需要与动机，从大学生的情感、发展、成就等需要角度入手，建立起大学生对中华优秀传统文化的需求模式。通过这种需求模式，大学生才有激情和动力去探讨中华优秀传统文化，中华优秀传统文化才会被"激活"，它的功效才能凸显。实质上，这就是对主体性原则的积极运用。也就是说，对主体性原则的运用，有助于大学生自觉、主动地接受中华优秀传统文化，从而增强传统文化教育的实效性。

六、坚持渗透性原则

渗透性原则是优秀传统文化教育的重要原则。所谓渗透性原则，指优秀传统文化教育要遵循渐次发展的规律，把优秀传统文化教育渗透到经济工作、业务工作中去，与各项具体工作有机地结合起来，融合各种教育因素，通过潜移默化的形式循序进行。因此，渗透性原则通过运用多种方式和多种教育因素，引导受教育者接受教育内容，并内化为心，外化为行。这种教育并非外力的强加，而是在自觉领悟基础上的自我教育。

在优秀传统文化教育中，坚持渗透性原则，有着积极的意义。具体表现为以下几点。

  首先，有利于消除大学生的逆反心理。这从渗透性原则载体的隐藏性和跨越时空性可以看出。渗透性原则具有隐藏性，它把优秀传统文化教育的内容隐藏于大学生的学习、生活以及各种活动之中，以含而不露的方式向大学生传播优秀传统文化，使大学生在无意识的状态下，悄然接受优秀传统文化教育。同时，渗透性原则还具有跨越时空性，它打破了课堂的时空限制，这就使得渗透性原则下的教育是一种跨时空、无课堂、休闲式的教育。这些特点都有利于大学生在"润物细无声"的方式下，接受优秀传统文化教育的内容，避免了大学生的"反感"，有利于消除大学生的逆反心理。

  其次，有利于形成优秀传统文化教育的合力。提起优秀传统文化教育，人们想起更多的是理论的说教、引经据典式的劝导等，其实这是显性优秀传统文化教育。除此之外，还有隐性优秀传统文化教育。坚持渗透性原则的优秀传统文化教育就属于这一部分。因此，坚持渗透性原则的优秀传统文化教育有利于弥补显性优秀传统文化教育的不足，与显性优秀传统文化教育一起，形成优秀传统文化教育的合力，共同实现优秀传统文化教育的目标。

  大学生中华优秀传统文化教育，固然需要理论说教等形式的显性优秀传统文化教育。但长期的说教也会引起大学生的"疲倦"，甚至"对抗"。这就需要更换形式，用"柔"性代替"刚"性。

七、坚持示范性原则

  所谓示范性原则，是指优秀传统文化教育要充分发挥先进典型和教育者自身的榜样作用，影响和感染受教育者，以促进思想认识与觉悟的不断提高的工作准则。示范性原则就是强调用榜样的力量感染、感化受教育者，以实现受教育者内化教育内容的目的。

  在优秀传统文化教育中，坚持示范性原则，有着积极意义。具体表现为以下几点。

  第一，有利于把抽象的道理具体化。优秀传统文化教育的重要目标就在于提升人们的思想素质、政治素质、道德素质、心理素质。不可否认，这些知识具有抽象性。即使向受教育者讲授很多，受教育者仍感到不直观、不具体、不易接受。示范性原则却可以避免这种缺陷，它以现身说法的方式展示在受教育者面前，是鲜活的形象，具有无可辩驳的说服力。因此，它易于被受教育者接受，有利于实现抽象道理的具体化。

第二，有利于改变人们对社会现象的错误认识。随着社会的发展，社会中不可避免地存在一些丑恶现象，诸如言行不一、缺乏诚信等。但有些人把这些丑恶现象放大，使人们误以为社会是黑暗一团，这误导了人们对社会的认识。以光明形象出现的榜样，有利于改变人们的思维，有利于人们认识社会的主流和支流，丑恶只是社会的支流，社会的主流是阳光的。

大学生中华优秀传统文化教育需要坚持示范性原则。坚持这一原则，可以让大学生直观地感受到中华优秀传统文化正面示范群体的魅力。同时，也可以让大学生认识到，中华优秀传统文化并没有过时，它仍扎根在人们心中。在全面建成小康社会的进程中，人们仍然需要它。它对于提高大学生的思想政治品德素质、改进大学生的思维方式，具有重要的意义。

综上所述，高校要想建构传统文化教育体系，必须在遵循传统文化教育的以人为本、创新性、实践性、目的性、主体性、渗透性和示范性原则的基础上进行，使其朝着培养教育者和受教育者的主体意识、增强大学生的动手实践能力的方向发展，从而能够为教育内容的选择和教育方法的制定提供指导。

第三节 营造优秀传统文化教育的健康环境

一、营造良好的家庭环境

父母都希望自己的孩子身体健康，成为对社会有用的人才，为了孩子的健康成长，父母不惜花费人力、物力和财力。传统文化教育非常重视家庭的教育作用，把家庭看作国家的基础。《大学》提出"欲治其国者，先齐其家""家齐而后国治，国治而后天下平"的著名观点，把家庭教育的作用提高到影响国家兴衰的高度。

家长是学生所遇到的最早的老师，家长的一言一行对学生的影响和熏陶非常重要。家长如果能在弘扬中华优秀传统文化方面给孩子做出榜样，孩子在很大程度上会对中华优秀传统文化产生浓厚的兴趣，并在学习和生活中践行。

改变家长对家庭教育中有关文化传承的传统认识，拓展家长对家庭教育的时间观和空间观。家长要注重个人传统文化修养的提高，多读唐诗宋词、经典国学书籍，多看相关的电视节目，在传统节假日有意识地组织一些家庭活动，让孩子能更多地感受中华优秀传统文化的内涵，并能用中华优秀传统文化思想指导自己的生活和工作。

国家和社会应加大对中华优秀传统文化在家庭教育中的支持和指导，重视家庭在优秀传统文化教育中的作用和地位，组织和建立优秀传统文化传承相关组织机构，出台相关文件以明确家庭教育文化传承的具体内容。社会和学校可开设公益机构，与家庭联合举办各种活动，如亲子阅读、传统文化知识竞赛、传统文化教育座谈会等，指导家长开展家庭优秀传统文化教育，力争将优秀传统文化教育从每一个家庭抓起。

二、营造良好的学校环境

学校是开展中华优秀传统文化教育的主阵地。对大学生进行中华优秀传统文化教育的方式可以千变万化，可以在高校开设传统文化课程，也可以组织专题的活动，把对大学生的优秀传统文化教育融入学校的各个教育环节，让优秀传统文化教育成为学校教育的一种常态，使高校优秀传统文化教育常抓常新，常抓不懈。

为了使中华优秀传统文化教育更有针对性、实效性，高校应开设拓展型、研究型的课程，由高校根据自身实际，自主开发和实施中华优秀传统文化课程。要不拘泥于教材的内容、顺序等，而是遵循国家课程标准，由大学生的实际现状和社会的一些热点来确定主题，把社会主义核心价值观和与之相匹配的中华优秀传统文化教育的内容融入这些课程中。

在高校优秀传统文化教育中，要用礼乐文明的思想和理念培养大学生内在的文化修养和思想修养，"礼尚往来"、以"诚"相待、以"信"相许的情操，造就当代大学生孝亲睦邻、敬业乐群、尊师敬长、礼贤下士、温良谦恭、平和中正的君子风范。只有当礼乐精神成为社会主义精神文明的组成部分，成为当代大学生的社会意识和文化精神，才能实现主体与外界的和谐、群体的和谐、社会的和谐。

高校教师要在风气建设上做表率，牢固树立马克思主义的世界观、人生观、价值观和正确的地位观、利益观，始终保持振奋的精神和良好的作风，弘扬新风正气，抵制歪风邪气。高校要规范各项考核制度，加强对大学生的管理，抓好教风、学风和考风，狠抓学生日常管理，注重学生的良好生活习惯的养成，要营造学生全面成才应具有的良好的学风氛围，逐步培养学生踏踏实实、勤奋刻苦、严谨求实和开拓创新的优良品格。

三、营造良好的社会环境

校园、家庭是大学生的主要生活场所，营造良好的环境有利于传承中华优秀传统文化。但如果传承中华优秀传统文化的场所仅仅局限在校园、家庭，就不能对大学生形成全方位、多层次的熏陶,渗透性原则也不能充分发挥作用。因此,这就需要营造传承中华优秀传统文化的社会环境。当然,社会环境的营造需要从多角度出发,这里主要从社区环境的营造与乡村环境的营造两个角度进行探讨。

(一)营造良好的社区环境

社区文化是最基层的公共文化服务体系,是新形势下弘扬中华民族优秀传统文化的最基础的阵地。社区服务的对象虽然是居民,但社区生活也与大学生息息相关,并且社区环境也具有较强的教育性。因此,营造浓厚的传承中华优秀传统文化的社区环境,有利于大学生接受中华优秀传统文化,有利于大学生进行自我教育。

社区环境的营造要重视载体的应用。载体是手段、媒介,而环境的营造是需要借助载体的。为此,社区负责人可组织太极拳、舞剑等体育活动,也可组织扭秧歌、民族舞、围棋比赛、象棋比赛等文娱活动,使社区居民在活动中接受、传承中华优秀传统文化。另外,社区负责人也可组织孝敬父母、自强不息、诚实守信、邻里团结等典范的评选,并在社区内张榜公布,大力宣传,使社区居民认识到传承中华优秀传统文化的典范就在我们身边,并不遥远。

总之,通过举办这些活动,旨在营造传承中华优秀传统文化的社区环境,使得中华优秀传统文化的义理在悄无声息中走进人们的生活,走进人们的心中,也对大学生形成辐射效应,渗透进大学生的生活。

(二)营造良好的乡村环境

与社区环境相比较,乡村是更大的舞台。但随着改革开放的发展,人们对乡村优秀传统文化的态度逐渐转变,乡村优秀传统文化也日趋衰落,这更需要营造乡村传承中华优秀传统文化的环境。

乡村环境的营造要注重突出乡村文化活动场所的功能。在社会主义新农村建设中,我们发现,部分农村在政府的扶持下,建起了文化大院、农村书屋等村级文化活动场所。但这些场所并没有真正获得村民的支持,或者说没有充分发挥应有的作用。"空空荡荡一间房,密密麻麻蜘蛛网,破旧不堪几本书,冷冷清清不见人",可以说,这是对乡村文化活动场所的真实写照。虽然原因是多方面的,但最重要的原因是乡村文化活动场所脱离了村民的需求,方法单一,缺乏吸引力。为此,就需要添置图书,丰富书籍种类,使其既包括优秀传统文化类的书籍,又包括技术类等方面的书籍;同时也需要增加用于开放的电脑室,使村民不仅能看到纸质书籍，也能听到音频、看到视频资料。另外，乡村文化活动场所不能选在"荒郊野岭"，周边需要有娱乐配套设施。通过这些措施的运用，以增强乡村文化活动场所对村民的吸引力，使村民愿意走进乡村文化活动场所，愿意接触优秀传统文化，从而营造乡村传承中华优秀传统文化的环境。

乡村环境的营造要注重保护优秀的乡村文化特色。随着城镇化的推进，有些地方政府对整个乡村进行了拆除，甚至是强拆。因此，有许多古色古香的古村落被拆除，这是对城镇化的误读。当然，这样说，并非要维持乡村的现状，而是说，对于有特色的古村落，要进行保护性开发。其实，这些古色古香的古村落已经融进了很多优秀传统文化的元素，它是人们永久的记忆，也是村民的"思维之根"，它更是旅游开发的重要基础。当参观这些古村落时，人们看到的不仅是它的人文景观，而且也可以看到优秀传统文化的辉煌历史。

乡村环境的营造要注重发挥民间文化团体的作用。民间的文化团体的种类繁多，如有民间传统文化协会、民间表演艺术团体、民间绘画艺术团体、民间书法艺术团体、民间戏剧艺术团体、民间说唱艺术团体、民间戏曲表演团体等，还有以民营形式运作的文化团体等。

这些民间文化团体在传承中华优秀传统文化中曾起过重要作用，但目前他们的地位已大不如前。人是需要全面发展的，人不仅有物质需求，还有精神需求。今天，村民的物质生活较以前有了较大改进。当走进乡村，我们发现，赌博、打麻将蔚然成风，这些也是村民打发时光的最好寄托，这是他们精神空虚的外显。这种状况的改变更需要民间文化团体能多走进乡村，把具有乡土特色的文化融进村民的生活之中、浸入他们的心灵，满足他们的精神需求。这既是繁荣乡村文化市场的必需，也是营造乡村优秀传统文化环境的重要组成部分。

四、营造良好的新媒体环境

新媒体是利用数字技术，通过计算机网络、无线通信网、卫星等渠道以及电脑、手机、数字电视机等终端，向用户提供信息和服务的传播形态。依托新媒体弘扬传统文化、净化网络空间是继承和发扬中华优秀传统文化的一个重要手段，因为新媒体具有方便、快捷、时效性强等优点，因此在当代大学生传统文化教育中是一个超越时间和空间的重要工具。

在利用新媒体传播优秀传统文化的过程中，要培养大学生的新媒体素养，让大学生充分、有效地利用新媒体，引导大学生理性看待新媒体的信息内容，养成"非礼勿视、非礼勿听、非礼勿传、非礼勿做"的文明使用新媒体的习惯，不断提升大学生自身的文化品位。同时，借助新媒体对大学生进行传统文化的弘扬，使大学生不断提升思想道德品质，自觉净化新媒体空间，做新媒体时代中华优秀传统文化的传播者。

综上所述，当前高校优秀传统文化教育，要充分发挥家庭教育、社会教育、学校教育和新媒体环境教育的作用，使其相互作用、相互补充，构建中华优秀传统文化教育形式相互配合、相互促进、协同发展的综合教育机制。高校要创建中华优秀传统文化教育平台，特别是网络平台。

因此，要建立以高校为主导，地方政府、社会、家庭各方面力量和人员共同参与的教育网络组织机构。高校教育机构和人员要发挥主导作用，加强沟通，密切联系，积极争取社会组织、地方政府和学生家庭的支持，加强各方的信任和交流，实现多方相互支持、相互联系、相互信任和相互配合，营造良好的优秀传统文化教育氛围。

第四节 提高优秀传统文化教育的教师素质

一、提高教师的思想道德素质

思想道德素质是指教师所应具备的政治素养、道德修养和心理素质。提升思想道德素质是加强教师队伍建设的首要任务。

第一，提升正确的政治素养。教师的政治素养直接影响教育的方向和路线。大学生中华优秀传统文化教师必须有正确的政治立场、坚定的理想信念，要有马克思主义信仰，坚持中国共产党的领导，坚持中国特色社会主义道路。

第二，提升高尚的道德修养。大学生中华优秀传统文化教师要有强烈的敬业精神，对教育对象富有爱心、以身作则、当好表率，尤其应当成为中华民族精神和中华传统美德的积极倡导者和践行者，遵守社会公德、职业道德、家庭美德，提升个人品德修养。

第三，提升健康心理素质。大学生中华优秀传统文化教师必须有健康的心理和健全的人格。教师要有积极向上的心态，要能传递正能量，以自身的力量教育人、引导人和鼓舞人，有效开展大学生中华优秀传统文化教育。

二、提高教师的科学理论素质

大学生中华优秀传统文化教育队伍应具备的科学理论素质，包括系统的马克思主义基本理论知识、扎实的中华优秀传统文化理论知识和较丰富的相关学科知识。

第一，掌握马克思主义基本理论知识。马克思主义是大学生思想政治教育的理论基础，大学生中华优秀传统文化教育是大学生思想政治教育的重要内容，教师必须有系统的马克思主义基本理论知识，才能更好地对大学生进行思想政治教育，才能确保大学生中华优秀传统文化教育目标的实现。

第二，掌握中华优秀传统文化理论知识。教师要掌握扎实的中华优秀传统文化基本知识，具备中华优秀传统文化专业才能，对中华优秀传统文化的发生、发展有清晰的认识，不断丰富专业知识。

第三，掌握思想政治教育学专业知识和相关学科知识。大学生思想政治教育是一门多学科交叉的应用性学科，教师必须掌握广博的相关学科知识，如教育学、心理学、社会学等，只有这样才能更好地开展大学生中华优秀传统文化教育。

三、提高教师的业务实践能力

大学生中华优秀传统文化教育队伍应具备的业务实践能力是指教师应具备教育教学技能，组织操作、活动策划技能，以及传统文化艺术技能等。大学生中华优秀传统文化教育是对大学生进行中华优秀传统文化教育和思想政治教育的实践活动，因此，教师必须具备一定的实践能力，提升业务实践能力。

第一，提升教育教学技能。基本的教育教学技能是包括大学生中华优秀传统文化教师在内的任何教师应该具备的基本技能，也是保证大学生中华优秀传统文化教育顺利进行的前提条件。教师应不断提升自己的科学思维能力、语言表达能力、讲授能力、倾听和提问的能力。

此外，网络已成为大学生日常生活的重要领域，教师还必须具备熟练运用网络的能力。但目前高校在这方面存在"两张皮"现象，那就是懂得中华优秀传统文化的教师却不熟悉现代网络技术。这就亟须提高中华优秀传统文化教师的网络使用能力。

一方面，熟知中华优秀传统文化的教师要加强学习，掌握现代网络技术，愿用、敢用、善用现代网络技术。在网络生活中，教师不仅要用中华优秀传统文化的"真、善、美"感染、打动大学生，而且要能借助优秀传统文化的语词发表犀利的网络评论，以征服大学生。

另一方面，也可让熟悉中华优秀传统文化的大学生或熟练掌握网络技术的大学生参与其中，让他们参与制作网络页面等，以便让他们进行自我教育，使他们对中华优秀传统文化由感性认识上升到理性认识；并用自己的言行感染、带动其他大学生，同时也使他们从受教育者逐渐成长为教育者。

第二，提升组织操作、活动策划技能。大学生中华优秀传统文化教师要能够在收集、整理各种信息的基础上制订计划、实施计划，充分调动各方力量，促进大学生中华优秀传统文化教育的顺利开展。这就要求教师必须具备组织操作、活动策划的能力，做到熟练自如地组织各种活动，有效运用各种方法引导大学生学习中华优秀传统文化。

第三，提升传统文化艺术技能。所谓传统文化艺术技能，是指中华优秀传统文化所包含的艺术技艺，如绘画、戏曲、雕刻等。大学生中华优秀传统文化教师具备一定的传统文化艺术技能，才能很好地发挥示范作用。因此，教师要加强对这方面技能的学习，吸引大学生关注中华优秀传统文化，取得更好的教育效果。

第五节　完善优秀传统文化教育的评价机制

一、明确评价机制建立的原则

高校中华优秀传统文化教育评价机制应该遵循科学性、人文性、时代性、发展性和示范性等基本原则，围绕中华优秀传统文化融入高校本科教学评价的导向和调整、认定和诊断、激励和惩罚等功能，创新性地构建并完善中华优秀传统文化融入高校本科教学的评价机制。

评价是活动的保障，科学合理的评价能发现评价客体出现的问题，以便不断总结经验，克服缺点和不足。高校优秀传统文化教育要建立多元化的教育评价机制，首先要建立详细的评价指标体系，明确评价目的、评价范围、评价内容和评价标准；要坚持以人为本，考虑个体素质和全面发展；要坚持实事求是，客观地评价高校优秀传统文化的教学现状；要将定量评价和定性评价相结合；要注重评价的反馈功能，及时发现并解决存在的问题，用评价来激发评价客体的主观能动性。

二、组建合理的评价队伍

合理的评价队伍是确保大学生中华优秀传统文化教育评价顺利进行的前提条件,要从成员选拔原则、成员组成结构、队伍行事要求三方面予以规定。

第一,坚持合理的成员选拔原则。对于评价督导队伍成员的选拔,要坚持德才兼备、以德为先的原则,既要有一定的知识技能,又要有良好的思想道德修养,做到持公守正;要坚持科学协调的原则,做到年龄、职位、学科背景等因素分布均衡,保证评价督导工作的高效进行。

第二,确定合理的成员组成结构。组建校院两级,以现任领导、专家、一线教师为主体,辅之以部分退休专家等的高校教学评价队伍,提高评价工作的质量和效率。

第三,明确合理的队伍行事要求。要确保建立健全相对独立的评价队伍,独立行使评价职能,确保评价队伍的相对独立性和相对稳定性,从而使评价工作具有连贯性、继承性和发展性。

三、扩大责任主体和客体

在高校优秀传统文化教育评价中,评价者是主体,被评价者是客体,评价的客体包括传统文化的教育者、受教育者、教学环境、教育方针、教育内容、教育方式和教育效果等。

原有高校优秀传统文化教育的工作责任主体比较单一,主要偏重思想政治教育的管理者和教师,所以高校优秀传统文化教育普及和推广的情况还不十分理想。教育部印发的《完善中华优秀传统文化教育指导纲要》为加强中华优秀传统文化教育做出了全面部署和科学规划。该文件要求,各级党委、教育工作部门和教育行政部门要与宣传、文化、新闻出版广电等部门以及工会、共青团、妇联等群团组织密切配合,建立健全党委统一领导、党政齐抓共管、有关部门各负其责、全社会共同参与的工作机制,形成中华优秀传统文化教育合力。所以,高校优秀传统文化教育的主体不只是思想政治课教师,还包括各部门和全体高校教职工。

同时高校优秀传统文化教育的客体也发生了变化。高校优秀传统文化教育的主体同时也是优秀传统文化教育的客体,在优秀传统文化教育客体受教育的同时,教育者同时也在受教育,教育者的思想道德素养也在不同程度地提高,主体与客体相互作用、相互促进、相互提高。

四、建立有效的评价体系

高校优秀传统文化教育评价一定要制定科学合理的评价方案，形成适合本校的优秀传统文化教育评价体系。要在原有评价指标的基础上，扩充与社会经济建设发展相适应的高效、合理的评价指标体系，以评价目的、评价范围、评价标准、评价效果等为基础设立稳定的评价指标，要根据自己学校的具体情况和自身特点，制定重点突出、科学有效的评价方案。

优秀传统文化教育评价体系具体由以下几方面构成。

一是教育理念。评估学校对开展中华优秀传统文化教育活动是否有正确的认识，是否树立"立德树人"意识，是否通过各种渠道宣传中华传统文化理念。

二是教育管理。评估学校是否有传统文化教育活动管理机构，是否有专人分管传统文化教育活动的组织、落实、检查和督导；是否有教育活动的实施方案，是否有开展教育活动的阶段性检查和小结，资料是否齐备；是否有教育活动的评估体系，并纳入教育评估范围。

三是教师队伍。评估是否有组织开展传统文化教育师资培训，以保证教师数量和质量满足教育教学需要；是否有定期开展公开课、观摩、交流学习等活动。

四是课程建设。评估是否将中华优秀传统文化教育纳入教学课程体系，课程是否开足、开齐；每个班级是否有教育活动的计划、教案。

五是主题活动。评估是否有主题活动，主题活动是否内容丰富、形式多样，学生参与度如何；是否开设道德讲堂，并定期开展多主题的道德讲堂活动；是否定期举办传统文化教育专题研讨会、成果展示以及经验推广等活动。

六是校园文化。评估是否在校园布置图文并茂的传统文化宣传内容；是否有班级文化体现传统文化宣传内容；是否通过校园广播、网页等多渠道宣传传统文化。

七是教育条件。评估传统文化教育经费是否列入学校经费预算，以保证传统文化教育的正常开展；学校有关设施设备能否满足课堂教学和教育活动的需要。

八是教育成效。评估师生的精神面貌、文化修养和道德情操水平是否有明显的提高；教育活动是否形成本校、本地的特色和品牌，是否值得推广。

参考文献

［1］李程.传统文化精神与大学生思政教育［M］.北京：光明日报出版社，2013.

［2］张良驯，周雄，刘胡权.当代青少年中华优秀传统文化教育研究［M］.北京：北京理工大学出版社，2015.

［3］李清华.中华优秀传统文化与人文教育概况［M］.福州：海峡文艺出版社，2017.

［4］韦祖庆.传统文化生态观的教育传承研究［M］.北京：光明日报出版社，2018.

［5］吴强，马俐."非遗"传承下传统文化对大学生思想品德教育的价值研究［M］.沈阳：沈阳出版社，2019.

［6］张玲菲，孙峰岩，吴莎.新媒体环境下传统文化对大学生素质教育作用的研究［M］.长春：吉林文史出版社，2019.

［7］苏金良，卢洪利，王洪霞.中华优秀传统文化启蒙教育导论［M］.长春：吉林人民出版社，2019.

［8］黄惠.优秀传统文化在高校思想政治教育中的实践应用［M］.沈阳：东北大学出版社，2019.

［9］龚魏魏.中华优秀传统文化融入心理健康教育途径探究［J］.财富时代，2020（10）：177-178.

［10］何素淑.传统文化与高职思想政治课程的融合研究［J］.产业与科技论坛，2020，19（20）：130-131.

［11］冉亚辉.中华优秀传统文化教育的基本原则与注意事项［J］.中国德育，2020（19）：5-7.

［12］王颜.传统文化教育的价值诉求与路径构建［J］.文化创新比较研究，2020，4（27）：10-12.

［13］肖彬彬，高美兴.优秀传统文化在大学生思政教育中的价值与应用研究［J］.

创新创业理论研究与实践，2020，3（14）：67-68.
［14］刘璐. 中华优秀传统文化融入大学生思想政治教育的价值与路径［J］. 文教资料，2020（20）：42-44.
［15］娄博. 新媒体背景下的高校传统文化教育研究［J］. 文化创新比较研究，2020，4（20）：141-143.